「土地と財産」で読み解く日本史

元国税調査官
大村大次郎

まえがき

日本には、ほかの諸国にはあまり見られない美徳のようなものがある。

たとえば、東日本大震災のとき、被害地域の人々は救援物資がどれほど少なくても、略奪したり暴動を起こすようなことはなかった。少ない物資を公平に分け合い、辛抱強く次の救援を待った。

これは日本人にとっては不思議なことではないが、世界の人々を驚かせることだった。

また日本人はあまり自覚がないが、日本という国は差別が非常に少ない国である。

日本では、「貧富の差」「宗教」などで差別を受ける機会というのは、あまりない。そういう差別を受けた経験がある人は非常に少ないはずだ（皆無とは言わない）。

これも実は世界では奇異なことなのである。

世界中のほとんどの地域で、「貧富の差」や「宗教」などの差別がある。

それどころか「出身地」や「家柄」で普通に差別が行なわれているのだ。

たとえば、イギリスでは、イングランド出身者とアイルランド出身者の間には、明確な差別意識がある。また上流階級と中流以下では、住む地域や学校、職業などが何代にもわたって区分されていたりする。

アメリカでは南部に対する差別があり、南部出身者は長らく大統領になれなかった。韓国では、「全羅道《チョルラド》の出身者とは結婚しない」などと普通に言われている。また韓国人の多くは、自分たちの祖先は「両班《ヤンバン》」といわれる支配階級だったと自称し、それを否定したり揶揄《やゆ》したりすると大変なことになる。

中国では、都心部出身者と農村出身者では、差別意識があるだけでなく、公的サービスさえ区別されている。

こういうことは枚挙にいとまがない。

日本では、自分の祖先が武士だったかどうかなどはほとんど気に留めないし、出身地でどうこう言われることもない。出身地のことは話のネタになったり、ジョークとして扱われることはあっても、本気で出身地で相手を差別するようなことはまずあり得ない。

こういう日本の美徳的な部分は、どこに要因があるのか?

もちろん、様々な要因があるはずで、一つの要因に集約されることはないだろう。

が、その大きな要因として「土地と財産」があると思われる。

日本の「土地と財産」の歴史は、ほかの国や地域と比べればかなり変わったものなのである。

日本では古来、大資産家や豪族の持つ広大な土地、財産を没収し、国民に分け与えるということを幾度も行なってきた。中世以降、土地や財産の一極集中はあまり進まず、近代にいたるまで貧富の差はそれほど大きくならなかった。江戸時代の農村などでは、農地を村全体の共有財産としているような地域もあったのである。

なぜ日本の「土地と財産」はそれほど集中が進まなかったのか？

なぜ日本の「土地と財産」は世界の他の諸国とは違う歴史を持っているのか？

それを本書で追究していきたい。

本書を読み終えたとき、おそらくあなたの日本史観はかなり変わるはずだと、筆者は自負している。

「土地と財産」で読み解く日本史　目次

第2章 墓穴を掘った平安貴族たち

第3章 源平合戦は国家体制をかけた戦いだった

第4章　応仁の乱――なぜ日野富子は「金の亡者」だったのか

第5章　大地主だった中世の寺社

第6章 信長の国家改造計画

第7章 なぜ秀吉の直轄領は家康よりも少なかったのか？

第8章 徳川家康は〝史上最大の資産家〟だった

第9章 意外に公平だった江戸時代

第10章 明治維新は〝農地解放〟だった

第11章 財閥、貧民、マイホームブーム〜混沌の戦前社会〜

第12章 「財閥解体」が生んだ高度成長

第13章 なぜバブルは崩壊し、格差社会が再来したのか

第1章

古代日本に誕生した超強力政権

土地の私的所有を禁止した大和政権

古今東西の国家において、「強力な中央集権を持つ政府」というのはなかなか成立が難しいものである。

一国全土を一つの政府が強権的に統治するのだから、それなりの軍事力、財政力が必要となる。なにしろ国中の豪族たちを支配下に収めなくてはならないのだ。

もちろん優れた組織、制度がないと成り立たない。

日本では歴史上、超強力な中央集権政府が二つほど誕生している。

一つは、明治新政府である。

明治新政府は、それまで各地域が「藩」として割拠的に治めていた日本の国土を、中央政府が一括して統治する制度に改めたのである。もちろん、それは簡単になしえたものではなく、大政奉還、戊辰戦争《ぼしんせんそう》などの大きな政治的な変化ののちにようやく実現できたものである
（詳細は後述）。そしてこの明治新政府が、現在の日本政府の起源となっている。

が、この明治維新よりもはるか昔に、日本では超強力な中央集権政府が誕生していた。

それは、「大化の改新後」の大和朝廷である。

実に１４００年近く前のことである。

「大化の改新」を簡単に説明すると、皇極《こうぎょく》４（６４５）年に、朝廷内で勢力を振るっていた蘇我入鹿《そがのいるか》を中大兄皇子《なかのおおえのおうじ》、中臣鎌足《なかとみのかまたり》らが暗殺し、国の制度を一新したというものである。

大化の改新の主な改革は次の通りである。

・豪族などによる田畑の私有を禁止し、すべては国の領地とする
・田畑を民に貸し与え、民は租庸調《そようちょう》の税を払う
・それまで重要な役職は世襲制だったが、これを廃止し有能な人材を充《あ》てる
・戸籍を整備する

これらは、現代の目から見てもかなり思い切った改革だといえる。

大化の改新後の大和朝廷は、明治維新後の新政府と同様に、日本全国を直接統治した（東北、南九州などの一部と北海道、沖縄を除く）。それどころか原則として土地はすべて国有とし、民の私的所有を認めなかった。

日本史上、土地の私的所有を認めなかった政権というのは、この大化の改新後の大和政権だけである。

見方によっては、明治新政府以上の「日本史上最強の中央集権政府」だったかもしれない。

「土地の私的所有を認めない」

というのは、「大化の改新」の目玉ともいえる施策だった。

なぜ大和政権は土地の私的所有を認めないようにしたかというと、土地を国有化することによって、豪族などに分散していた国の財力を集中させようとしたのである。

大化の改新以前の税システムでは、包括的、効率的に全国から税を徴収できていなかった。

大化の改新以前の日本では「氏姓制度《しせいせいど》」という社会システムが採り入れられていた。氏姓制度というのは、大和朝廷に貢献した各地の豪族に「氏姓」を与えるというものである。氏姓を与えられた豪族は、大和朝廷に臣従しているということになる。

この氏姓制度は、封建制度に似たものである。各地域の豪族がその地域を統治し、朝廷はその「束ね役」のような存在である。朝廷は、豪族の勢力地域を直接支配してはいなかった。豪族は、自分の勢力圏を自分で支配し、朝廷に対しては貢物《こうもつ》を納める。いわゆる朝貢のようなものである。また豪族は、一応、朝廷の命令に従って軍事行動などを行なっていた。

朝廷としては豪族の支配地域からもきちんと税を取りたいし、直接、兵を徴兵したい。その方が、効率的、包括的に、徴税、徴兵ができるからである。

そのため「土地はすべて国家のもの」「民は国から土地を貸与されているだけ」という形式にして、各地の豪族が管理していた税や財産を国庫に納めさせようというわけである。

だが、一口に「土地の私的所有を禁止する」といっても、その実行はそう簡単にできるものではない。各地の豪族は当然、反発する。戦争になることも考えられ、朝廷としてはかなりリスクが高い。

このような大事業を行なうには、よほどの大きな動機付けがあったはずだ。

大化の改新当時の大和政権には、財政力を大幅に引き上げなくてはならない理由があった。

それには、朝鮮半島情勢が大きく関係しているのだ。

◎朝鮮半島の一部を領有していた古代日本

古代の日本は、朝鮮半島と非常に強い結びつきがあった。

日本史の中で、日本が朝鮮ともっとも密接な関係があったのは古代である。

「日本と朝鮮は大々的に貿易していた」「日本は朝鮮に影響力を持っていた」というようなレベルではない。「朝鮮半島に領地を持っていた」「朝鮮半島の国々と敵対したり支配関係を持ったりしていた」というレベルなのである。

古代朝鮮半島の南部には任那《みまな》といわれる国があり、この任那は日本の支配下にあった。さらにいえば、任那は朝鮮半島における日本領土に近い存在だったと見られている。

任那の存在については、『日本書紀』にも記されているし、古代中国、古代朝鮮のいずれの文献にも記されている。

この任那を足掛かりにし、古代日本は朝鮮半島でかなりの勢力を持っていたと見られている。

古代の朝鮮半島では、高句麗《こうくり》と百済《くだら》、新羅《しらぎ》の三国が勢力を争い、最終的に新羅が他の二国を制圧する。この朝鮮半島の最強国家だった高句麗と、古代の日本は朝鮮半島において壮絶な戦いを繰り広げていたのだ。

414年に建てられた高句麗の広開土王《こうかいどおう》の碑文によると、「391年以降に倭の国が新羅をたびたび攻撃し、臣従させてしまった」という記述がある。

日本が支配していた任那地域は、朝鮮半島南部であり、今の韓国の国土の半分くらいを占めていたと見られる。広大な穀倉地帯であり、屯倉《みやけ》でもあった。屯倉とは、天皇の直轄領のことである。豊穣《ほうじょう》な任那地域は、天皇家の財力の源泉でもあった。

この穀倉地帯の任那は、他の朝鮮諸国にとっても喉《のど》から手が出るほど欲しい地域だった。高句麗などは何度もここに侵攻してきたが、日本によって押し返されている。

任那地域は、新羅の支配下に取り込まれたりもしたが、新羅から朝貢を受けることを条件に日本が新羅に下賜《かし》したという形になっており、日本の影響力は維持していた。

また百済も日本に朝貢をしており、古代日本は、百済、新羅を半ば臣従させていたのである。

ざっくりいえば、7世紀ごろの朝鮮半島は、北は高句麗が勢力圏であり、南は日本の勢力圏だったということなのだ。

◎大和朝廷が「国土の国有化」をすすめた喫緊の理由

しかし7世紀に入ると、朝鮮半島の情勢に大きな変化が起きる。

618年、中国大陸で唐という大帝国が誕生したのである。

唐は、それ以前の隋よりも、はるかに強力な国だった。強い領土拡大意欲を持ち、建国以来、中央アジア、東南アジアを瞬く間に席巻し、朝鮮半島にも侵攻する気配を見せていた。

朝鮮半島に侵攻してくるということは、当時の日本にとっては勢力圏を侵攻されることでもあった。軍事侵攻を食い止めるには、それに対抗する軍備が必要となる。もちろん、それには莫大な財力が必要だ。

そのために大和朝廷は「国土の国有化」が必要だったのである。

当時、朝鮮半島で最大の勢力を持っていたのは、前述した高句麗だった。

高句麗は、現在の北朝鮮のほぼ全域と中国東北部にまたがって、大勢力を築いていた。その勢力圏は朝鮮半島の数倍の広さがあった。

唐が建国したとき、朝鮮半島の高句麗、新羅、百済の三国は、いずれもただちに唐へ朝貢をし、当初の関係は良好だった。

しかし高句麗が新羅に侵攻したことから、高句麗のこれ以上の勢力拡大を快く思っていなかった唐との関係が悪化した。

６４０年代に入ると、唐は高句麗に対して侵攻の意志を見せ始めた。日本としては、新羅、百済が唐に取り込まれたことや、唐が高句麗に侵攻しようとしていることは、非常事態ともいえることだった。

朝鮮半島で勢力争いをしていた古代日本にとって、ここで勢力を失うと本土まで攻め込まれるかもしれないという危惧も持っていた。

日本の歴史の中で、中国大陸の国が日本本土に攻め込んできたというのは、モンゴル帝国の襲来だけである。中国や朝鮮が攻め込んできたことはない。だから現代人の目から見れば、「過剰な危機感」のようにも思える。

しかし古代の極東アジア世界では、勢力を失った国が大国に攻め込まれて滅ぼされるということは、頻繁にあった。だから、当時の朝廷では、朝鮮半島で勢力を失うことは、すなわち国家存亡の危機という考え方があったのだ。

また、この危機感は古代に限ったことでもなく、他の時代もそうである。たとえば明治以降の戦前の日本も、朝鮮を大国の勢力圏に取り込まれないようにする、というのが基本的な国防思想だったのである。

古代日本の朝廷としては、唐の侵攻に備えなくてはならない。それが「大化の改新」の大きな原動力となったのは間違いない。

また大化の改新が行なわれた当時、朝鮮半島の高句麗、新羅、百済でも政治体制の大きな変革が見られた。どの国も唐の圧迫に危機感を抱き、国の体制を整えようとしていたのである。

◆朝鮮半島は古代日本の鉄の供給源だった

古代日本にとっての朝鮮半島は、戦略的にも重要な地域だった。

当時は「鉄」が貴重な戦略物資であり、鉄をどれだけ持っているかが国力に大きく影響した。

鉄製の農機具により、開墾地が爆発的に増え、鉄製武器により軍事力が格段に向上した。弥生時代から奈良時代にかけて、倭人《わじん》が蝦夷《えぞ》の人々の居住地を侵食し、彼らを従えていったのも、鉄を大量に持っていたということが大きい。

当時の日本では、東北や北陸にはまだ蝦夷の人々の支配地域も残っており、大和政権にとって「蝦夷対策」は大きなテーマでもあった。そして蝦夷の人々に対する優位性を保つためには、鉄の確保は重要だった。

また蝦夷対策のみならず、朝鮮半島や中国との関係においても、鉄の武器をたくさん保持して睨《にら》みを利かすというのは重要なことだった。

この重要な戦略物資「鉄」の原料である鉄鉱石を、古代日本は朝鮮半島に依存していた。

３世紀末に書かれた三国志魏書《ぎしょ》の東夷伝弁辰条《とういでんべんしん》には、次のような記述がある。

「国、鉄を出だす。韓、濊《わい》、倭皆従って取る。諸の市買には皆鉄を用いる。中国の銭を用いるが如し」

三国志魏書・東夷伝弁辰条とは、朝鮮半島の南部にあった弁辰という地域の話を書いたものである。

「弁辰地域では鉄が産出する。韓、濊、倭らの国がこれを取る。彼らは市場での売買では、鉄を用いる。中国で銭を用いるように」

ということである。

つまり３世紀の終わり頃の日本は、朝鮮半島で鉄を採っていた（もしくは輸入していた）のである。

そもそも鉄というのは、弥生時代に朝鮮半島から日本に伝えられたものだ。弥生時代からすでに日本でも製鉄が行なわれていたが、鉄の原料の多くは朝鮮半島に頼っていたと見られている。

当時の鉄の原料としては、鉄鉱石と砂鉄が使われていた。日本には砂鉄はあるが、鉄鉱石はあまりない。だから、鉄鉱石の多くは朝鮮半島から輸入していたものと見られている。

豪族の所有地を没収せよ

とにもかくにも、古代日本にとって朝鮮半島の領地を失うことは、軍事的、経済的にもかなり痛いことだった。また唐が朝鮮半島全域を支配下に置けば、次は日本本土に侵攻されるかもしれない。

それを防ぐために古代日本としては、強力な軍備を行なわなければならなかった。

中央集権国家をつくり、全国から直接徴税することで財力を蓄える。軍事についても、これまでのように豪族の私兵を寄せ集めるのではなく、徴兵によって朝廷の直属軍を増強する。そのための「大化の改新」だったのである。

前述したように、大化の改新では、土地の私的所有を原則として禁止した。が、この「土地の所有の禁止」というのは、そう簡単にできるものではない。

当時、日本にあった農地の多くは、大和朝廷が開墾したものではない。朝廷が開墾した地もあったが、大半は各地域の人々、各地の豪族などが開墾したものだった。つまりは、それぞれの土地、農地にはそれぞれ所有する人がいたのである。

それをすべて没収して、国の所有とするのである。

当然のことながら、元の所有者である豪族などは反発するはずである。

大化の改新以前、田荘《たどころ》といわれる豪族の支配する農地が日本各地にあった。豪族はこの田荘で、「部民《べみん》」「奴婢《ぬひ》」などを使って農業経営を行なっていた。

大和朝廷が所有していた田は、屯田《みた》と呼ばれており、これは当時の日本の田のほんの一部にすぎなかった。大部分は、田荘などの私有田だったのだ。その私有田を、朝廷が勝手に徴発するとなれば、豪族は怒るはずだ。

しかし大化の改新を実行するには、豪族の反発を抑えなくてはならない。その過程で起きたのが「蘇我氏の滅亡」なのである。

◆蘇我氏暗殺は「土地の国有化」のため

ご存知のように「大化の改新」というのは、「国の制度を刷新したこと」でもあるが、クーデター的な意味合いもある。

大化の改新とは、朝廷内で勢力を振るっていた蘇我入鹿を中大兄皇子、中臣鎌足らが暗殺したことに端を発している。中大兄皇子は後の天智天皇であり、蘇我入鹿は重臣の一人にすぎないので、クーデターというよりは、「粛正」といった方が妥当かもしれない。

蘇我入鹿を暗殺し蘇我氏を滅亡させたことは、「土地の私的所有禁止」の大きな伏線になっている。

というのも、**当時、日本で最大の財閥家は蘇我氏だったからだ。**

もともと蘇我氏は、斎蔵《いみくら》、内蔵《うちくら》、大蔵《おおくら》の管理など、朝廷の財政に深く関与することで、台頭したと見られている。

斎蔵、内蔵、大蔵というのは、雄略《ゆうりやく》天皇の時代に整備された蔵のことである。斎蔵は天皇の祭具などを保管した蔵、内蔵というのは官物を保管した蔵、大蔵というのは全国からの貢物（税）を収めた蔵のことである。

つまり蘇我氏は、朝廷の財産を管理するポストについて、大出世し、経済力も手にしたのだ。

そして蘇我氏の経済力は相当なものだったと見られている。

蘇我入鹿の父親の蘇我蝦夷《そがのえみし》は、皇極元（６４２）年、百済の使節を自宅である「畝傍《うねび》の家」に招き、良馬一頭と鉄の延べ金20枚を贈っている。「畝傍の家」は、外国からの使節などを宿泊させたり、宴を催したりもできるようになっており、邸内には池があり、その中には小さな島が浮かんでいたという。

また蘇我氏は、各地に邸宅を持っており、そこには、貢物を収めた「倉」や兵器を収めた「庫」が備えられていた。『日本書紀』の中で、私人所有の「倉」のことを述べられているのは、蘇我氏だけである。つまり、私人で『日本書紀』に記されるほどの倉を持っていたのは、蘇我氏だけだということだ。

蘇我氏は豪族の中では、抜きんでて経済力があったということである。

その経済力を背景にして、政治の実権を握り、さらに勢力を増す。蘇我氏は、そういう状態がもう四代も続いていたのである。

蘇我氏は、飛鳥地方に広大な田荘を経営していたと見られ、おそらく日本で最大の田荘所有者だったと考えられる。

「大化の改新」の目玉である「日本全国の農地の国有化」を実行するとき、最大の障害になるのは間違いなく蘇我一族だった。

逆にいえば、蘇我氏を滅ぼしてしまえば、「あの蘇我氏が滅ぼされたのだ」ということで、ほかの豪族たちも抵抗するのを諦めるだろう。

蘇我入鹿の暗殺と蘇我氏の滅亡は、日本史の大きな謎といわれることもある。なぜ、絶対的な権勢を誇っていた蘇我氏が、突然滅亡させられたのか、と。

しかし、朝鮮半島情勢と、土地所有の観点から見たとき、蘇我入鹿の暗殺の辻褄《つじつま》は合う。というより、蘇我氏の滅亡があったからこそ、「土地の私的所有の禁止」が実現できたのだ。

「班田収授の法」は農地解放だった

大化の改新は、豪族などが支配していた土地を没収するとともに、それを農民に貸与して効率的に税をとるという目的も持っていた。

いわゆる「班田収授《はんでんしゅうじゅ》の法」である。

「班田収授の法」は、古代中国の「均田法」をモデルにしたといわれている。

古代中国の均田法というのは、国家が田畑を農民に支給して収穫の一部を納めさせるという制度である。５世紀後半の北魏において始まり、隋や唐の時代まで引き継がれた。が、古代中国の「均田法」は、実際には、国家が田地を一括管理して農民に支給するのではなく、農民が所有している田地の「広さの調整」程度のものであり、しかもその実務手続きは各地の豪族に任されていた。

だから事実上、各地の豪族がその地域の田地を統括し、税の一部を国家に納入していたにすぎない。

しかし、日本の「班田収授の法」の場合、限りなく原則に近い形で、国家が田地を一元管理し、農民に班田（貸与）されていた。また実務手続きも、中央政府から派遣された国司が、全権力を持ってあたっていた。

つまり、古代中国が表面的にしか実行していなかった制度を、古代日本は本気で実行したというわけだ。そのため古代日本では、当時としてはかなり「公平な社会」が出来上がった。そして、このときにつくられた社会思想が、現代の日本人の気質にも大きく影響していると思われる。

詳細は後述するが、江戸時代には農民の半分以上はいわゆる自作農だった。これは日本の社会が、「公平」を重んじてきた結果だと思われる。

◎班田収授の土台となった三つの作業

班田収授の法は、「大規模な農地解放」という面もあった。豪族たちの土地を取り上げそれを農民に支給するのだから、そのシステムは農地解放そのものだった。

班田収授以前は、豪族の下で多くの農民が働いていた。彼らは「部の民」などと呼ばれ、豪族の私有物に近いものだった。この「部の民」は大化の改新によって豪族支配から解放され、農地を与えられて自活できるようになったのである。

大化の改新では、すべての下層民が解放されたわけではなく、奴婢と呼ばれる奴隷階級は残されていた。だから、すべての下層階級の人を解放したわけではない。

それでも大半の下層民が解放されたのだから、古代としてはかなり自由で公正な社会だったといえる。

また奴婢と呼ばれる奴隷階級についても、大和朝廷は手放しに認めていたわけではなく、何度か規制を行なっている。

7世紀中ごろには「親が子を売って奴婢とすること」が禁止されていたと見られ、691

年には持統《じとう》天皇が、「借金によって奴婢になった者」「親や兄などに売られて奴婢になった者」などを良民として解放している。

大化の改新以降、日本の農地は大まかにいって「口分田《くぶんでん》」「公田《こうでん》」「官田《かんでん》」の三つに分けられた。

「口分田」というのは、農民に班田（貸与）される田のことである。

「公田」というのは、班田し終わった後にその地域で余った田のことである。この公田は、有料で希望者に貸し出された。ただし賃料は口分田の租税よりも高かった。だから、口分田を耕作している農民の中で余力のあるものが、この公田を借りることになったようだ。

「官田」というのは、天皇家の諸費用を賄う田であり、農民を雇って直営方式で運営されていた。古代から国家の歳出と天皇家の費用は、区分されており、朝廷の歳入を天皇家が自由に使っていたというわけではないのだ。

そして口分田を農民に貸し与える「班田収授」は、6年ごとに**「造籍《ぞうせき》」「校田《こうでん》」「班田」**という手続きをとることによって行なわれた。

「造籍」というのは戸籍をつくることである。

「校田」とは、農地の広さなどを測ることだ。いってみれば国土調査のようなものである。

そして、「班田」というのは、「造籍」「校田」をもとにして、各人に田を振り分ける作業のことである。

6年ごとにこの三つの作業事務をすることによって班田収授は執り行なわれた。

◆意外によくできていた古代日本の徴税システム

班田収授システムは、租庸調という税を徴収することが大きな目的だった。

古代日本の税制「租庸調」というのは、唐の税制を真似てつくったものとされているが、日本の独自色もあり、古代としてはよくできた制度だったといえる。何がよくできていたかというと、それほど重税でもなく、また**社会保障制度なども採り入れられていた**ということである。

租庸調を簡単にいえば、租は米、庸は労役、調は布や特産品を税として納めるというものである。

「租」で徴収される米（稲）は、収穫高の3%程度とされており決して高いものではなかった。

しかも、この租は、一部は朝廷に送られたものの、ほとんどは国衙《こくが》（地方の役所）に保管されていた。

そして国衙に保管された米は、「賑給《しんきゅう》」のために支出する以外は、ほとんど貯蓄されていた。「賑給」というのは、高齢者や貧困者などのために、米・塩・布などを支給する制度である。

「庸」とは使役のことだが、正丁《せいてい》と呼ばれる成人男子（21歳〜60歳）が年に10日間の労役をしなければならない、というものだった。また布を二丈六尺納めれば、使役が免除されるという制度もあった。この使役により、灌漑《かんがい》などの土木工事、国家施設の建設などが行なわれた。

「調」とは、絹、糸、綿、布、鉄、塩、海産物を納めるという税制度である。畿内は、すべて布で、しかも他の地域の半分でいいということになっていた。この「調」が、朝廷の主要な財源になっていたと見られている。この「調」により、朝廷の官僚などへの給与が支払われていたようである。

ちなみに官僚の給料は、「禄令《ろくりょう》」という法令に定められている。位、官職に応じて、米、布、塩、銭などが支給される。大臣や納言などの高級官僚の場合は、「食封《じきふ》」と呼ばれる領地のようなものが与えられ、その土地から徴収される「庸」「調」の全部と、田租の半分が取り分とされた。

ただし、この「食封」も高級官僚が自分で領地を管理するのではなく、国が管理運営し、国が徴収した租庸調を、高級官僚に分配していたのである。

あくまで土地の私有は禁止されていたのだ。

◎「民の救済」としての大化の改新

大化の改新は、朝廷の財政力、軍事力を強化するために行なわれた。

が、それだけが目的ではない。

「民の救済」も大きな目的だったのである。

それまでの氏姓制度のもとでは、豪族が好き勝手に田畑を領有し、私有していた農民を使って耕作をしていた。豪族によっては農民たちから過度の搾取をする者もいたし、豪族の都合によって追い出される農民もいた。総じて農民の生活は、不安定で苦しいものだったと考えられる。

「大化の改新」では、豪族から土地をすべて取り上げるとともに、私有していた農民も取り上げた。そして、農民たちそれぞれに班田を給付したのである。

それまでの農民は豪族の下で使用人として働かされ、収穫は全部持っていかれていた。それが、大化の改新の後は、田を与えられ自分で耕作し、一定の税を納めればそれ以外の収穫は自分のものになるのだ。しかも税は収穫の３％程度であり、豪族の搾取に比べればはるかに楽だったと考えられる。格段に生活は安定し、労働意欲も増したはずである。

しかも、当時の朝廷は、最先端の農機具を給付するか、貸与するかをしていたと見られる。

国が農民に農機具を給付したというような記録は見つかっていないが、大化の改新以降、急速に農機具が普及しているのである。奈良時代の遺跡では打ち鍬《ぐわ》、馬鍬《まぐわ》、中国系長床犂《ちょうしょうり》、一木造りの犂《からすき》、へらなどの農機具の同一型のものが、全国で大量に見つかっているのだ。

当時は農民が自分自身でこれらの農機具を調達することは非常に難しいので、政府が何らかの関与をしたものと考えられる。

また古代の日本では、「税」を取るばかりではなく「社会保障」もある程度、充実していた。前述した貧困者に米などを支給する「賑給」は定期的に行なわれたほか、飢饉《ききん》や災害などのときにも行なわれた。疾病《しっぺい》が流行したときには、薬の支給なども行なわれた。

また推古元（５９３）年に、聖徳太子が、貧者救済などのために、四箇院《しかいん》（悲田《ひでん》院、敬田《きょうでん》院、療病《りょうびょう》院、施薬《せやく》院）というものをつくったとされている。これは孤児や身寄りのない老人、貧しい人を収容したり、食糧、医薬品などを与える施設である。

正倉院には光明《こうみょう》皇后が献納した薬が残っている。これは施薬院を通して、貧しい病人などに与えられたという。

もちろん、現代社会の社会保障とは比べるべくもないが、古代社会としてはかなり発達したものといえる。

◆「白村江の戦い」によって、その後の唐の侵攻は避けられた

大化の改新で日本が大きな国家変革を行なったのは、唐の侵攻を防ぐというのが大きな目的だったわけだが、唐は実際に侵攻してきたのだろうか？

日本本土までは侵攻しなかったが、日本の朝鮮半島の勢力圏内には侵攻してきた。

大化の改新の18年後の天智2（663）年のことである。

唐と新羅の連合軍が、日本と同盟を結んでいた百済に進撃した。そして、百済は事実上、崩壊してしまった。百済の残党たちは日本に救済要請をした。前述したように百済は日本に朝貢をしており、同盟というより臣従のような関係だった。日本としては、百済に援軍を送らなくてはならない。

そして、日本、百済の連合軍と、唐、新羅の連合軍が、朝鮮半島の白村江《はくそんこう》において激突することになった。

これがいわゆる「白村江の戦い」である。

日本、百済の連合軍は、数に勝る唐、新羅軍に大敗してしまう。そして百済は滅亡し、日本は朝鮮地域での勢力を失ってしまった。

日本としては、唐に対して持ち続けた危惧が現実になったということになる。

「白村江の戦い」で、着目したいのはこの戦いの規模である。

『三国史記』によると、このとき日本側では千艘の船を用いていたという。

ということは、兵士の動員数は少なくとも数万以上だったはずだ。もしかしたら10万という単位だったかもしれない。**この時代に、千艘の船、万以上の兵士を朝鮮半島に派遣できるというのは、相当な国力があったはずである。**

日清戦争の開戦時に、日本軍が派遣した部隊は５０００人である。古代日本は、それをはるかに超える規模での軍派遣をしているのだ。それだけの船、兵士を用意するには、国が相当に豊かで、国家システムも整っていなければならない。

大化の改新による国家変革の成果が現れたということになる。

が、「白村江の戦い」では日本は敗北してしまう。

いくら大船団を派遣したとはいえ、陸続きの方が大兵力を結集できるため、軍勢で唐、新羅軍の方が上回っていたのだ。

白村江の戦いの直後、大和朝廷は、唐、新羅の連合軍による日本本土への侵攻に備えた。天智6（667）年には、臨戦態勢を整えるため交通の便のいい近江大津に都を移している。壬申《じんしん》の乱の後に都が飛鳥に戻されるまでの5年間、日本の首都は近江大津だったのである。

また北部九州には「水城《みずき》」という全長1・2キロ、高さ9メートルに及ぶ大堤防をつくった。これは九州を遮断し、唐、新羅の連合軍の北上を防ぐためのものだった。

このようにして朝廷は急遽、大掛かりな防戦体制を整えたが、唐、新羅の連合軍は、日本本土に侵攻することはなかった。

唐と新羅は、朝鮮半島最大の勢力だった高句麗を滅ぼし、百済も滅ぼしたが、彼らの侵攻はそこで止まり、日本列島にまでは及ばなかったのだ。

それは、「白村江の戦い」が大きく影響していると考えられる。

敗れたとはいえ、日本は海を越えて数万もの大兵団を派遣してきたのである。唐としても、日本を簡単に攻めることはできない、という意識は働いたわけである。

ただ日本側の損失も大きかった。「白村江の戦い」の敗北により、朝鮮からの鉄鉱石の輸入ルートが途絶えたと見られる。

古代日本の製鉄所の遺跡では、奈良時代くらいまでは鉄の原料としては鉄鉱石と砂鉄が用いられていたが、奈良時代の後期からは鉄鉱石は用いられず、砂鉄のみが用いられるようになる。これは日本が「白村江の戦い」の敗北により、朝鮮半島から鉄鉱石の輸入ができにくくなったからだと思われる。

日本の製鉄業は奈良時代以降、砂鉄を主原料とする「たたら製鉄」として独自の発展を遂げることになる。

大和朝廷は、この白村江の戦い以降、朝鮮から手を引き平和外交に徹した。そして、遣唐使を派遣するなど、唐とも良好な関係を築いた。

第2章

墓穴を掘った平安貴族たち

◎天然痘により班田収授制に穴が空く

前章で述べたように古代日本は、豪族の土地をすべて取り上げ、公地公民制の強力な中央集権国家をつくりあげた。

その根幹には、「班田収授の法」がある。

すべての農地を管理し、民に均等に給付するというこの「班田収授」は非常に困難を伴う、大変な作業だったと考えられる。古代日本はこの困難な作業をやり遂げたのである。

が、班田収授の施行から１００年も経たずして、朝廷は大きな「法の抜け穴」をつくってしまう。

いわゆる「荘園」である。

ご存知のように荘園は奈良時代後半から平安時代に急速に増殖し、朝廷政権の崩壊の一因となってしまう。

この荘園とは、いかにして始まったのか?

荘園の始まりは、朝廷の財源不足だった。

国家がすべての土地を管理するという班田収授の制度では、人々の暮らしはそれなりに安定する。が、それ以上の発展性はあまりない。以前のように、豪族たちがこぞって新しく田を切り開くというようなことがなくなった。そのため、班田する田地の確保がままならなくなっていった。

当時は、自然災害などを現代ほどうまく制御できていなかった。台風、洪水などによって打撃を受けた地域は、しばらくは収穫が不可能になるということもしばしばあった。

そういう自然災害などへのリスクヘッジのためにも、新しい農地を切り開くことが必要だった。朝廷による農地開墾も行なわれていたが、費用がかかるのでそうそうできるものではない。

だから朝廷としては、民が自発的に新しい田を開拓するように仕向けようとした。

そこでまず養老７（７２３）年に「三世一身の法」が施行される。「三世一身の法」とは、新しく田を開墾した場合、自分を含めて三世代（孫の代）まで開墾田の私有を認める、というものだった。この「三世一身の法」により、「土地の私有禁止」の原則が崩れることになった。

また8世紀には、様々な疾病が猛威を振るった。

特に天平7（735）年から天平9（737）年にかけて起こった天然痘《てんねんとう》の大流行は、日本に大きな打撃を与えた。当時の人口の2割以上の100万人以上が死亡したともいわれ、藤原不比等《ふじわらのふひと》の4人の息子をはじめ、朝廷の主要人物の多くも犠牲になってしまった。

朝廷としては、この天然痘の対策を取らなければならなかった。

が、当時は、科学が未発達であり、天然痘の医学的な対策法はなかった。必然的に、「神仏」に頼るしかない。時の聖武天皇も、打開策を神仏に求めた。

天平13（741）年、聖武天皇は、日本中に国分寺、国分尼寺をつくることを命じた。そして天平15（743）年には、大仏（東大寺の大仏）の造立を決定する。

その財源として考え出されたのが、「墾田永年私財法」なのである。

墾田永年私財法は、「三世一身の法」をさらに大きく緩めたもので、新たに開墾した田は永久に私有していいという法律である。

これにより「すべての田は公有（天皇のもの）」とした律令制の理念が崩れることになった。

墾田永年私財法の開墾面積の上限

身分、官職	開墾の上限面積
親王一品、朝臣《あそみ》一位	五百町
親王二品、朝臣二位	四百町
親王三品、四品、朝臣三位	三百町
朝臣四位	二百町
朝臣五位	百町
朝臣六位～八位	五十町
初位以下	十町
地方官・郡司の大領、少領	三十町
地方官・主政、主帳	十町

◎墾田永年私財法は寺社に甘かった

墾田永年私財法には、一定の手続きがあった。

まず、開墾をする場合は、開墾予定地を国司に申請しなければならなかった。予定地が、付近の農民の邪魔になるところは不可とされた。

また開墾すると申請した土地を、3年以上、開墾しなかった場合は他人に開墾させることになっていた。

そして、開墾できる土地の面積にも制限があった。

開墾制限は前ページの表の通りである。

一町というのは、おおむね100メートル四方（1ヘクタール）である。朝臣五位の上限である百町となると1000メートル四方である。これは相当に広く、東京ドーム20個分以上である。

またこの広さの制限は、当初は寺社には課せられていなかった。

天平勝宝元（749）年にようやく寺院の面積制限が設けられたが、東大寺四千町、元興寺二千町、諸国の国分寺が千町、一般の寺が百町であり、親王、朝臣と比べても相当に広かった。

そのため、寺社の私田は爆発的に増加することになった。

またこの広さの制限は、やがて事実上なくなってしまい、寺社も貴族も無制限に荘園を広げていくことになる。

墾田永年私財法によって一時的に財政は好転する

「開墾した田を永久に私有できる」といっても税を納める義務はあるため、朝廷の税収は増えるはずだった。

その増収分で、奈良の大仏や国分寺をつくったのである。今も全国に、「国分寺」や「国分」という地名が残っているが、それはこのときにつくられた国分寺が地名となって残っているのだ。

しかし墾田永年私財法は、一時的に税収は増えても、長い目で見ると大きな減収となった。新たに田を開墾できる者というのは、大勢の人夫を動員できる豪族に限られていた。必然的に貴族、寺院、地方官、地方豪族などが、浮浪者や貧窮《ひんきゅう》した農民を使って開墾を進める。結局、貴族、豪族が肥え太ることになっていった。せっかく大化の改新で貴族、豪族の力を弱めることに成功したのに、また豪族が台頭してくることになったのだ。

そして貴族、豪族が切り拓いた私有田に雇われる農民が増え、班田（公の田）が放棄されるようになった。班田には徴兵や労役があったが、私有田にはそれほど重い役はなかったので、私有田に移る農民が多かったのだ。

当然、それは朝廷の財力を大きく減らすことになった。

また聖武天皇は、国分寺建設や大仏造立のために、墾田永年私財法とともに、もう一つ大きな財源改革を行なっている。

それは、「不動穀《ふどうこく》」の転用である。

不動穀とは、災害や飢饉などに備えて、税の一部を蓄えておいたもののことである。国衙、郡衙《ぐんが》（地方の役所）に設置された不動倉に納められており、天平時代には、30年分が貯蔵されていたとされる。

この不動穀の一部を、国分寺などの建設費用のために転用させたのである。この財政改革により、不動穀の理念が崩れ、地方の役人や豪族たちが、なし崩し的に不動穀を転用することになってしまった。

結局それは、大宝律令によって整えられた財政体系、税体系を崩壊させることにつながっていく。

8世紀中ごろから、「土地売券」と呼ばれる土地取引の証書が見られるようになる。土地売券というのは、米などの代価として土地を売るという証文である。

これを見ると、それまで禁止されていた土地の売買が、8世紀中ごろからなし崩しに解禁されたということがわかる。

こうして律令制の土地私有禁止令はほころびはじめたと見られる。つまり、公地公民制は100年程度しか持たなかったのだ。

◎蝦夷地との戦争でさらに財政が悪化する

天然痘の被害で、墾田永年私財法をつくってしまった大和朝廷に、さらなる困難が押し寄せる。

蝦夷《えぞ》地問題である。

蝦夷地というのは北海道のことを指すと思われがちだが、もともとは朝廷の統治圏外にある地域のことである。奈良時代になっても、東北の一部と九州の一部はまだ朝廷の統治圏に入っていなかった。北海道はまだまったくの統治圏外だった。

その統治圏外の人々と大和朝廷は、たびたび諍《いさか》いを繰り返していた。

特に東北地域の蝦夷に、朝廷は悩まされ続けてきた。

東北の蝦夷というと、アイヌ民族が暮らす地域というふうに思われがちだが、決してアイヌ民族ばかりではなかった。古代の東北地域には、関東などから大勢の倭人が移住してきていた。倭人とアイヌ民族が混然としていたのだ。

そして奈良時代末期くらいになると東北地域の人々は独自の文化を持つようになり、中央政権とは距離を置くようになった。

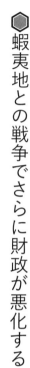

が、中央政権は、東北を支配下に置きたがった。

そのため、たびたび軍を派遣したり、東北地域の豪族たちを鎮撫《ちんぶ》したりして、支配地域を拡大させてきた。

大和朝廷は、蝦夷と接する地域には「城柵《じょうさく》」という、防御要塞のようなものを築いた。城柵には官庁が併設され、ここで蝦夷対策の陣頭指揮が取られた。

『日本書紀』では大化3(647)年、新潟市付近に城柵をつくったのが初見である。城柵には、「柵戸《さくこ》」が置かれた。柵戸というのは、城柵の周辺に住まわされる人々のことである。柵戸の人々は、通常は庄田などで農作業に従事していたと見られる。明治期の屯田兵のようなものである。

朝廷から東北に派遣された国司は、征伐や饗応《きょうおう》により、蝦夷を配下に収める役割を持たされていた。蝦夷の人たちが、朝廷に服することになると、税を納める戸が増える「戸口増益」ということになり、褒美の対象となったのだ。

斉明元(655)年には、北(越《こし》)の蝦夷99人、東(陸奥)の95人が朝貢し、斉明4(658)年には蝦夷200人が朝貢したという記録が残っている。

しかし蝦夷の人々も、そう簡単に大和朝廷に下るわけにはいかない。

大和朝廷に下るということは、蝦夷の人々にとってはこれまで払っていなかった税を払うことになるからだ。

だからアイヌ民族はもとより、東北に移住していた大和民族の人たちも、中央政権に反旗を翻《ひるがえ》すことが多々あった。

その最大のものが、「38年戦争」である。

この戦争は、奈良時代末期の宝亀５（７７４）年から始まり、38年もの間続いた。

名将として名高い坂上《さかのうえの》田村麻呂《たむらまろ》により最終的に鎮圧されたが、平安朝廷はこの乱により、多大な負担を余儀なくされた。

この「38年戦争」が、日本社会に及ぼした影響は決して小さくなかった。

まず「治安の悪化」である。

38年戦争で敗れた東北の人々（蝦夷の人たち）は、強制的に日本各地に移住させられた。

彼らには、一応の居住地域は与えられたが、与えられた田地は荒れ地で食うに困ったので、盗賊化したり、たびたび蜂起したりした。

彼らの存在は「俘囚《ふしゅう》」と呼ばれ、人々から恐れられた。そして各地で自衛のために、武装する者たちも増えていった。豪族たちは、家人たちに武器を与え、訓練を施した。

それがやがて武家に発展していくのである。武家の成り立ちには、いくつもの要因があるが「38年戦争」も確実にその一つだといえる。

この武装団は、関東以東に非常に多かった。関東以東は、東北38年戦争の影響を強く受けており、また日本に強制移住させられた蝦夷の人たちも多かったからである。

やがて関東の武装団というのは、朝廷にとっては「火薬庫」となっていく。平将門《たいらのまさかど》の乱も、関東地域で起こったことである。そして彼らの末裔が、やがて鎌倉幕府のベースとなる「関東武士団」になっていくのである。

班田収授システムの崩壊

墾田永年私財法によって班田収授のシステムはぐらつきはじめたが、平安時代になるとさらに加速度的に崩壊していった。

私的農地である「荘園」が爆発的に拡大していったのである。

荘園が増えたパターンは、大まかにいって二つある。

一つは、前述したように墾田永年私財法により、新田を開墾して増えたパターンである。

もう一つは、戸籍調査が行なわれなくなったため、公地や公民の所在があいまいになり、そのあいまいな公地が荘園化されてしまうというパターンである。

班田収授システムは、その前提として領民の人数の把握が必要となっていた。そのため律令制では、「造籍」といって6年に一度、戸籍がつくられることになっていた。

そして、その戸籍を元に班田も6年毎に、行なわれることになっていた。しかも全国一斉に、である。奈良時代までは、おおむねこれは守られていた。

が、平安時代に入った８００年代の初めごろから、戸籍の作成が全国一斉で行なわれることはなくなり、各地でまちまちに行なわれることになったのだ。

戸籍の作成が行なわれなくなると、必然的に新たに成年に達した者への田の班授や、老齢となった者の田の収公が行なわれなくなる。

そうなると口分田を事実上、私有する者も生じてくる。また自分に配給されている口分田を勝手に貴族や寺社などに寄進してしまうものも出てきた。

また時々つくられる戸籍にも、女性や高齢者が異常に増えた。女性や60歳以上は、班田収授からはずされるので、それを狙った偽申請が激増したのだ。農民にとって租税自体はそれほど負担ではなかったはずだが、労役、兵役などは大きな負担だった。それを忌避しようとしたのである。

前述したように、奈良時代末期から東北地方で「38年戦争」が行なわれており、農民にも多大な負担がかけられていた。８００年代の後半には、納税者の数が奈良時代の３分の１に激減したという推計報告もある。

またこの頃になると農民の中にも、富裕なものと貧しいものの差が生じてきて、貧しいものは富裕なものに対して、稲などの借財があることが多かった。その借財の肩代わりとして、富裕な農民が、貧しい農民の田を所有したりするようにもなった。

もちろん、それは違法であり、国司の追及をうけることになる。

が、富裕な農民たちは、京都の貴族と結びつき、国司からの追及を逃れるようになったのだ。一定の貢物を差し出すことで、京都の貴族に後ろ盾になってもらったのである。それも荘園となっていった。

こうして口分田が減り、荘園が拡大していったのである。

もちろん、それにつれて朝廷の税収も減っていった。

朝廷の方も、「荘園の拡大」にただ手をこまねいていたわけではない。

たびたび「荘園整理令」を出し、これ以上の荘園の増殖を防ごうとした。「荘園整理令」というのは、不正によって荘園化された農地などを没収してしまう命令のことである。

最初に荘園整理令が出されたのは、延喜《えんぎ》2（902）年のことである。

この「延喜の荘園整理令」では、民が田地を寺社や貴族に勝手に寄進することを禁止し、土地の由来がはっきりしない荘園は整理された。また今後、荘園を増やす際には、国司の許可が必要ということになった。

「延喜の荘園整理令」以来、ほぼ天皇の代が変わるごとに「荘園整理令」が出された。しかし、班田収授システムの崩壊と荘園の増殖は止めることができなかった。

それはやがて武家社会の到来を招くことになった。

◎源氏平氏を輩出した中級貴族「国司」とは？

平安時代には、「国司」という官職が大きな力を持つようになる。

国司とは、中央政府から各地に派遣され、行政や徴税業務を行なう役職のことである。もともとは、それほど上級ではない貴族、つまり「中級貴族」のポストだった。官位が従五位程度の貴族の役職であり、上級貴族が就くポストではなかった。

この国司が平安時代を通じて大きな力を持つようになり、平安時代後半には源氏、平氏を輩出することになったのだ。

この国司というポストは大化の改新以降につくられたものである。

大化の改新以前、日本の各地は、その地域のボスである豪族が支配していた。豪族たちは支配地域から税を徴収しつつ、天皇に臣従し貢納をしていた。当然、大きな中間搾取がある。

大化の改新では、この中間搾取をなくすために、豪族の支配をやめさせ、朝廷による直接統治を始めたのである。その担い手が国司だった。

朝廷は国司を各地に派遣した。国司は豪族に代わってその地域の行政、徴税を担う役割を持っていた。

もちろん、豪族のような恣意的な徴税、貢納ではなく、決められた通りに徴税し、朝廷にそれを送ることを旨としていた。

そして、この国司は、当初は門閥《もんばつ》によらずに優秀な人材を充てることになっていた。

しかし平安時代になると、この国司たちが腐敗化、門閥化していく。

行政や徴税の基本的な制度というのは、律令によって決められていたが、実際の徴収業務は国司に任されていた。

特に戸籍の作成があいまいになっていく9世紀中ごろからは、国司の権限が非常に大きくなった。**明確な戸籍がないので、徴税額などが国司の判断で決められるようになっていったのだ。**

◆賄賂だけで莫大な富を築いた藤原道長

そのうち国司は一定の徴税分だけを中央に送り、残った分は着服するようになっていった。また農民が徴税額を少なくしてもらうために賄賂《わいろ》を渡してくることも多々あった。つまりは国司による中間搾取が多くなったのである。

朝廷もこの弊害は認識し、たびたび国司の改善策を打ち出した。たとえば、天長元（824）年には次のような法令が出されている。

・観察使を派遣し国司の業務を監視させる
・優秀な国司は複数の国を兼任させる
・国司は任期中に一、二度入京し、天皇に業務報告を行なうことなど

このような朝廷の努力にもかかわらず、国司の腐敗は改まらなかった。国司の抜本的な改革をしようとした菅原道真は、他の貴族たちの猛反発をくらって失脚し、大宰府《だざいふ》に流されてしまった。

また農民たちが国司の不正を朝廷に訴え出たり、国司を襲撃するようなことも頻繁に起きた。

当時の貴族たちにとって国司というポストは、非常に美味しいものとなっていた。特に「熟国」と呼ばれる豊かな地域に赴任する国司は、非常に潤うことになった。そのため貴族たちは誰もが国司になりたがった。

が、国司になるには、本人の力量よりも門閥の力が重要となっていった。家柄がよくないとなかなか国司にはなれないし、有力な貴族の後ろ盾が必要だった。

そのため国司の希望者は、有力な貴族に取り入り、家来のようになったり、賄賂を贈ったりもするようになった。また有力貴族は、自分の息がかかったものを熟国の国司に任命することが多々あった。

この「国司の不正システム」をもっとも活用したのが、あの藤原道長である。

藤原道長とはご存知のように「摂関政治」で一時代を支配した藤原氏の象徴的な人物である。藤原氏は、娘を天皇に嫁がせ次期天皇の外祖父となり、摂政、関白という天皇を補佐する役職に就いて権力を握った。

この藤原氏の権力が絶頂のころ、国中の主な国司の任命権は藤原氏が握っていた。そのため藤原氏には国司や国司希望者から多額の賄賂が贈られていた。

寛仁２（１０１８）年には、藤原道長の邸宅を諸国の国司に割り当てて造営させ、またその際に国司の伊予守《いよのかみ》　源　頼光《みなもとのよりみつ》が家具調度一切を献上したという記録が残っている。

また、この当時の国司は京都に帰京するたびに、大量の米と地方の産物を藤原一族に寄進している。

藤原氏というと、荘園で巨額の富を築いたというイメージがあるが、藤原氏が荘園を拡大したのは12世紀以降のことであり、藤原道長の時代では賄賂が富の主財源だったのである。

つまり藤原道長は賄賂によって「我が世の春」を謳歌《おうか》していたわけだ。

しかし、この藤原氏の蓄財術は、自分の墓穴を掘るものでもあった。

国司たちは本来国に納められるべき税を、不正に横取りしていたのである。そして国司が藤原氏に巨額の贈賄をするということは、国司たちはその贈賄分よりも大きなメリットがあったということである。つまり、藤原氏が受け取っていた賄賂の何倍もの富が、国司の手に渡っていたわけである。

その分、国の税収が減っていく。国の税収が減り、朝廷の権威が落ちていけば、藤原氏の存立基盤も危うくなっていく。藤原氏など平安の高級貴族たちというのは、なんやかんや言っても、朝廷の威厳によって生きていた。朝廷に威厳があるからこそ、その朝廷の中で高い身分である彼らが栄華を謳歌できていたのだ。

国司たちの不正を容認し、朝廷の財力が削られていけば、やがて自分たちの存立基盤が脅かされることになる。

藤原氏をはじめとする平安時代の高級貴族たちは、そこに気付いていなかったのだ。

なぜ国司が軍事貴族となったのか？

平安時代の後半には、国司の中から軍事力を持つ者が現れるようになった。彼らは軍事貴族と呼ばれ、平安時代の末期には政治を左右させるほどの大きな勢力を持つようになる。源平合戦を繰り広げた源氏も平氏ももともとは国司の家柄であり、源平と三つ巴《ともえ》の争いをした木曽義仲もそうである。

なぜ国司が軍事貴族に変貌し、勢力を持つにいたったのか？

そもそも平安時代までの国家システムの中では、「武」を専門とする貴族や公家というものは、存在しなかった。戦乱が起きれば高級官僚（公家）の中から、指揮官が指名され、徴兵された兵を率いて、戦争に向かったのだ。

そして高級官僚には、文官、武官の区別はなかった。たとえば、奈良時代には『万葉集』の歌人として有名な大伴家持《おおとものやかもち》が、征夷大将軍に任命されたこともある。

が、平安時代の末期になると、「武」を専門とする公家、貴族が登場してきた。

その大きな要因は、班田収授制度が壊れたことである。

前述したように9世紀中ごろには戸籍が改訂されなくなり、また10世紀になると班田収受がほぼ行なわれなくなった。

これは国の軍制にも大きな影響を与えた。

戸籍があいまいになったため律令で決められた徴兵が難しくなってきた。だから、**徴兵のやり方も、国司に任されるようになったのだ。**朝廷は国司に対して「とにかく有事の際には兵を集めろ」と命じたのである。

そのため国司はその地域の豪族などを手なずけて、いざというときの兵力として確保するようになった。

当時は、治安が悪化しており、自衛のために武装している豪族が多々いた。国司はそういう連中と関係を築くことにより、有事の際の軍事力を保持したのだ。

そのため一部の国司は、大きな軍事力をも握ることになった。

そういう国司たちが内乱の鎮圧などで手柄をあげるようになった。

そして戦争で功績のあった者が重用されるようになり、それが子孫にも引き継がれて、軍事を専門とする公家、貴族が生じてきたのである。

その中に、平氏や源氏もいたのだ。

そして社会が混乱し、戦乱が頻発するようになると、必然的に軍事貴族たちの活躍の場が多くなり、政治のイニシアティブを握ることになる。そうして平氏や源氏などの軍事貴族たちは、平安時代末期には、かなりの権勢を持つようになっていたのだ。

第3章

源平合戦は国家体制をかけた戦いだった

清盛と頼朝の国家プランには明確な違いがあった

平安時代の末期、平清盛という軍事貴族が強大な勢力を持ち、朝廷を牛耳ることになる。

そして、その対抗勢力として、これも軍事貴族の源頼朝が現れた。

両者は各地で激しい戦いを繰り広げる。

いわゆる源平合戦である。

源平合戦というと、「武家の棟梁《とうりょう》であった平氏と源氏が雌雄をかけて戦った」ということで、「戦い」そのものを論じられることが多い。

しかし、この源平合戦は、単に有力な武家の棟梁同士の戦いというだけのものではない。

「国家の変革」を賭けた戦いだったのである。

平清盛と源頼朝には、国家プランに明確な違いがあった。

清盛は朝廷のシステムの中での栄達と権力掌握を目指していた。一方、源頼朝はこれまでの朝廷システムではない、新しい国家システムの構築をもくろんでいた。具体的にいえば、国家が管理していた国土を、武家に解放し武家が全国の土地土地を管理運営するシステムに変更するということである。

ざっくりいえば、平清盛は「中央集権制度」を維持しようとし、源頼朝は「中央集権制度を壊して封建制度にしよう」としていたのだ。

この時期は、地方の豪族が急激に力をつけていた。

それまで、全国の土地の管理運営は、朝廷から派遣された「国司」と、その地域から選出された「郡司《ぐんじ》」で行なわれていた。

国司は、赴任期限が決められており、だいたい4年か6年たてば京都に戻る。しかし、郡司はその土地の人間なので、引き続き土地の管理運営に携わる。郡司の業務は世襲化していき、当然のことながらその地方で大きな勢力を持つことになる。

その「郡司」が豪族となっていったのである。

また国司が、赴任期間が終わっても中央（京都）に戻らずに、その地域に根を下ろし、豪族になるという例も頻発していた。

また平安時代に急激に増えていた「荘園」に関しても似たような状況があった。

当時、荘園は全国各地に広がっていたが、その名義上の領主はほとんどが京都の貴族だった（寺社などを除いて）。

つまりは、日本全国の荘園の持ち主は京都に集中していたのである。当然のことながら、京都から地方の田を管理運営するのは非常に困難である。

となると京都から有能な者を派遣して経営を任せたり、現地の豪族に管理を委ねるということになっていく。

そして、荘園を任せられたものたちが、だんだん荘園内で実権を握っていく。そういうものたちのことを「在地領主」や「名主」という。

「在地領主」や「名主」たちは、最初は、荘園領主の命令に従っているだけだったが、やがて荘園領主の支配に反発したり、支配から抜け出すようになってきた。

そういう「在地領主」や「名主」も、平安時代の治安の悪化に伴い、各自が強固に武装するようになった。「在地領主」「名主」たちの間では、土地の所有権などを巡って、小競り合いをするようになり、必然的に武力が必要となったのだ。

彼らは、馬や武器を揃え、家人たちに訓練を施した。

こうして、地方に「武家」が誕生していったのである。

平氏や源氏などの軍事貴族というのは、この地方の武家たちを統率し、内乱の鎮圧などにあたることで勢力を伸ばしていったのだ。

平清盛は、この武家たちを朝廷のシステムの中で支配しようとしていた。土地の支配権はあくまで朝廷や中央貴族にあり、各地の武家は朝廷や中央貴族たちから土地の管理を委ねられているにすぎないという姿勢を崩さなかったのだ。

しかし源頼朝は、武家たちに土地の所有権を認め、朝廷や中央貴族たちの支配から解放しようとした。

源頼朝は、武家たちに対してその約束をすることで、武家たちの支持を得ることに成功し、平氏をしのぐ軍勢を率いることができたのである。

◆あくまで貴族として朝廷を支配しようとした清盛

平清盛の国家プランはどういうものだったのか?

平清盛は、ざっくりいうと「武力を持った藤原道長」というようなものである。つまりは、藤原道長をもう一段パワーアップしたということだ。

平清盛の父、平忠盛は、各地の国司を歴任していた。越前守《えちぜんのかみ》（越前の国司の長官）を務めているとき、日宋貿易が大きな富を生むことを知ったといわれている。当時、越前の敦賀港《つるがこう》は博多に次ぐ日宋貿易の拠点だったのだ。忠盛は、貿易に積極的に携わるようになり、巨万の富を築いたとされる。

父の背中を見ていた平清盛は、当然、日宋貿易に精を出す。

当時の日宋貿易の最大の拠点は、九州の博多だった。

平安時代の日宋貿易は、船が入港したあとまず朝廷が買い上げる商品を選別し、残った品物が商人の手で各地に販売されることになっていた。だが、品物の受け渡しを朝廷が完全に管理できているわけではなく、国司になれば役人や貿易商人を通じて、朝廷よりも優先的に貴重な品物を手に入れることもできたようである。

つまりは、「現場を仕切っているものが一番強い」ということである。

平清盛は、保元３（１１５８）年に大宰府の「大宰大弐《だざいのだいに》」という官職に就くなど、貿易の現場に深く携われるポストを奪取していった。

また清盛は、博多に日本初となる人工港（袖の湊《そでのみなと》）もつくったとされている。

そして清盛は、博多よりもはるかに京都に近い兵庫に、貿易拠点となる大輪田泊《おおわだのとまり》（現在の神戸港）を整備した。大輪田泊には、宋や全国各地からの産品が集積され、畿内の一大交易拠点となった。現在も神戸は国際港として日本の流通拠点となっているが、それは清盛の事業に起源があるのだ。

清盛は、この日宋貿易で巨額の富を築いた。

この当時、宋から大量の銅銭が輸入され、それが日本に貨幣経済を根付かせることになったが、**この銅銭の大量輸入も平清盛が手掛けたと見られている。**

清盛はこの財力を背景にして、後白河天皇の信任を得て太政大臣にまで上り詰めた。さらに娘を天皇に嫁がせることでさらに権力を強化した。

各地の有力国司の地位も平氏の一族が占めた。平家一族に日本中の富、利権を集中させ「平家に非ずんば人に非ず」とさえ言われたのである。

この辺の経緯を見ても、平清盛は武家政権をつくったのではなく、有力貴族として朝廷政権を牛耳っていたにすぎないということが見て取れる。

源頼朝の土地改革とは?

一方の源頼朝の国家プランはどういうものだったのか?

鎌倉幕府をつくった源頼朝は、よく知られているように、少年時代に島流しにあってしまう。

平治元（１１５９）年、頼朝の父、義朝が平治の乱で平清盛に敗れ、戦いに参加した一族はことごとく殺された。頼朝だけは年少だったため命は助けられたが、伊豆《いず》に流されてしまうのだ。

頼朝の伊豆での生活は20年にも及んだ。

だが治承４（１１８０）年、二条天皇の弟の以仁王《もちひとおう》が、朝廷を牛耳る平清盛を倒すために、全国の源氏一族に秘密の挙兵命令を出す。

頼朝は、それに応じて伊豆で挙兵するのである。

頼朝は20年も伊豆に流されており、武家の統率力も薄れていた。

にもかかわらず、どうやって東国の武家勢力を結集させたのかというと、**武家の権利を朝廷に認めさせたのである。**

頼朝は、寿永３（１１８４）年2月25日、朝廷に対して４箇条の奏聞（提案）をしている。

そのうちの第2条で、「平家討伐の命令を下してほしい」と述べている。

朝廷の討伐令があれば、全国の武士団を動員することができるからだ。

そしてこの中で、頼朝は「戦《いくさ》においての武家への勲功《くんこう》は自分が行なう」としている。つまり、「戦に参加した武家に、朝廷が勝手に恩賞を与えてはならない」としたのだ。

これは実は、旧来の国家システムからは大きく逸脱したものだった。
旧来の国家システムでは、軍を動員したり、戦争を指揮するのは朝廷であり、勲功も当然、朝廷が行なうものだった。

頼朝は、このルールを変えて、自分が武士団を管理統括し、朝廷は武士団のことには口出しできないようにしようとしたのである。武家を朝廷から切り離すことで、朝廷の影響力を排除し、自分が武家の長となって、新しい体制をつくろうということである。

頼朝は他にも様々な権限を朝廷の後白河上皇に迫った。
全国に守護・地頭を置く権利や、全国の武士を指揮したり褒賞《ほうしょう》や処罰を与える権利なども獲得していった。頼朝は、朝廷の持っていた徴税権、軍事権、警察権などを次々に獲得していき、実質的な「政権担当者」となっていったのである。

それは各武家の土地の所有権や自治権を事実上、認めさせるものでもあった。頼朝が徴税権、軍事権、警察権などを握っているのだから、頼朝が各武家の権利を認めさえすればそうなるわけだ。

それにしても、後白河上皇はなぜこれほど気前よく、源頼朝に朝廷の権限を与えたのか？
おそらく平氏のあまりの権勢を恐れ、とにかく平氏を倒したいという思いが強かったのだろう。後白河上皇は平清盛に対して警戒感を抱き、平家の力を削ごうとしたが逆に清盛に攻められ幽閉されてしまったという経緯がある。

これ以上、平氏をのさばらせておくわけにはいかないという気持ちが、源頼朝に対する譲歩になったというわけだ。頼朝の方は、後白河上皇から譲渡された権限を最大限に解釈し、まんまと鎌倉政権をつくってしまったのだ。

なぜ義経は殺されたのか？

日本史の大きな謎の一つとして、源義経の殺害がある。

源義経は、源頼朝の実弟である。

幼少期に頼朝と生き別れ、奥州平泉の藤原秀衡《ふじわらのひでひら》を頼り、その庇護を受けていた。頼朝の挙兵を耳にした義経は心配する秀衡の制止の声も聞かずに兄のもとへ向かう。そして頼朝が東国の支配に専念し、鎌倉政権の基礎を固めている間、義経は平家追討の指揮を委ねられたのだった。

義経は将として非常に優れており、義経の活躍によって、源氏方は平氏に勝利できたといえる。源平合戦において最大の功労者なのだ。

しかし頼朝は平氏を倒した後、この義経をあっさり殺害してしまった。

この義経殺害については、頼朝の嫉妬説など多様な見方がされている。

義経殺害の直接の理由は、義経が頼朝の許可を得ずに、後白河上皇から検非違使《けびいし》・左衛門少尉《さえもんのしょうじょう》の官職を与えられたこととされている。これは寿永3（1184）年に後白河上皇が、義経に平家追討を命じ、義経がそれに応じて平家を撃退したことに対する褒美だった。

これはそれほど大きなことではないように思われるかもしれないが、新生鎌倉幕府にとってはかなり重大なことだったのだ。

というのも、源頼朝は、武家の褒賞や処罰を一手に行なう権利を朝廷から獲得していた。

この権利は、鎌倉幕府の根本ともいえる重要なものだった。

この権利により、国の軍事権を頼朝が一手に握ることができた。各武家は朝廷ではなく頼朝に忠誠を立てる、それが鎌倉幕府の権力の源泉だったのだ。

そのために頼朝は各武家が朝廷と直接、接触することを禁じていた。武家が朝廷に取り込まれれば、武士団による新政権という構想が、根本から崩れてしまうからだ。

この鎌倉幕府の重大な大前提を、こともあろうに弟の義経が崩してしまったのである。

「弟の義経を生かしておけば朝廷に取り込まれ、せっかくの幕府の支配体制が崩壊してしまうかもしれない」ということだ。

もちろん、弟のあまりの軍功のあざやかさに嫉妬した面もあるだろうが、義経と朝廷の接近が、義経殺害の最大の理由として間違いないはずだ。

◎そもそも幕府とは朝廷の一機関にすぎなかった

源平合戦のどさくさに紛れて朝廷の権限を奪取して成立した鎌倉幕府だが、この政権は、実は非常に権力基盤、財政基盤が弱かった。

それは当然といえば当然である。

鎌倉幕府は、それまでの政権（朝廷）を倒して、新しい政権をつくったというわけではない。朝廷の一機関にすぎなかった「幕府」が、なし崩し的に政治を担うということになったのだ。

しかも、幕府というのは、「臨時司令部」というような意味である。戦乱が起きたときに、派遣された軍の司令部という程度の機関なのだ。その臨時司令部が、政権を担うというのである。ここに、まず大きな矛盾というか欠陥がある。

そして、鎌倉幕府には、もう一つ大きな欠陥がある。

「鎌倉幕府は日本全国を統治する中央集権的な政府ではない」

ということである。

平安時代までの日本は、朝廷という中央政権が全国を統治していた。平安時代の末期には、朝廷の統治能力は衰えていたが、少なくとも建前の上では、中央集権制度が採られていたのだ。

しかし鎌倉幕府は、日本全国の徴税権、行政権までは持っておらず、各地の領主が徴税、行政を行ない、幕府が持っているのは監督、仲裁をする権利だけだった。

そして鎌倉幕府の財源は、直轄管理している土地から得られる税と、貿易による関税などにすぎなかったのだ。

鎌倉幕府には、二つの種類の領地があった。

一つは、「関東御分国《ごぶんこく》」と呼ばれるもので、御家人などを国司に任命し、国衙（地方役所）を通じて、その地域を統治するというものである。これは、律令時代から続いてきた制度を変形したもので、建前の上では、朝廷の土地（公地）を幕府が管理するということである。

駿河《するが》、武蔵、相模《さがみ》、越後が、常態的に「関東御分国」となっており、時期によっては遠《とお》江《うみ》、伊豆、陸奥《むつ》なども入った。鎌倉時代を通じて、4～9か国が、「関東御分国」とされていた。

もう一つの領地は、「関東御領」と呼ばれるもので、鎌倉幕府の直轄地である。これは、鎌倉幕府の私有地ともいえるもので、幕府所有の「荘園」である。

元暦元（１１８４）年に、源頼朝は、朝廷から平氏一族の旧領５００か所を与えられた。また源平合戦時に、東国でも、かなりの荘園を切り取っていたと見られ、それらが「関東御領」として、鎌倉幕府の主要な財源となっていたのだ。

逆にいえば、鎌倉幕府というのは、関東を中心とした数か国〜十数か国を統治していたにすぎず、日本全体は、各地域の豪族などが統治していたのである。

各地域の豪族は、鎌倉幕府によって「御家人」に加えられ、所領地の守護、地頭などに任命された。そうすることで、今まで持っている自分の領地を安堵（公認）されたのである。

◉財政基盤の弱さは軍事力にも現れた

鎌倉幕府の財政基盤の弱さは、軍事力にも現れた。

鎌倉幕府は、平安以前の朝廷のように、全国に号令して軍事動員することはできない。幕府の御家人である各地の豪族に対して、出陣の命を下すだけである。

御家人たちは、鎌倉幕府に対する土地の恩に報いる奉公として、戦争時には兵力を供給し、平和時にも、京都警護や施設造営などを引き受けることになっていた。

が、これは軍事動員力としては弱いものである。

御家人たちは、鎌倉幕府に対する恩義として出陣するわけであり、平安時代以前のような「兵役義務」ではない。出陣して手柄を立てればそれなりに褒賞を欲するということになる。**幕府としては、必然的に褒賞として御家人たちに土地を与えなければならなくなった。**

鎌倉時代には、二度にわたる元寇《げんこう》の襲来があった。鎌倉幕府は、西日本の御家人に防衛を命じ、天候にも助けられてどうにかこの襲来をかわすことができた。

しかし、このとき出陣した御家人たちに与える褒賞を鎌倉幕府は持っていなかった。そのため、御家人たちは大きな不満を持つことになった。

平安時代以前には、こういうことは必要なかった。

平安以前にも、内乱や蝦夷との戦争など幾度も戦乱が起き、それを鎮圧するために軍事動員が行なわれた。が、この軍事動員は、兵役義務として動員されているので、手柄があったからといって、土地を褒賞として与えるというようなことは不要だったのだ。

この点に鎌倉幕府の権力基盤の弱さがある。

そして、この権力基盤の弱さのために、鎌倉幕府はわずか150年で崩壊してしまう。

13世紀半ばごろから、「悪党」と呼ばれる犯罪集団が、各地で暴れ回る事態となっていた。彼らは、夜盗、強盗、山賊、海賊などとなり、深刻な社会問題となっていた。

現在では悪党とは、「悪い人」のことを指すが、当時の悪党というのは、体制に反抗する反逆者というような意味で使われていた。

この悪党たちは、単なる犯罪集団ではなく、バックに有力な権門がついていることも多かった。つまり幕府や体制に反感を持つ各地の豪族たちが、悪党を使って利を稼ぎ社会を混乱させていたのである。

もちろん幕府は、面目にかけて悪党を取り締まろうとした。

また「悪党を匿《かくま》っている守護、地頭、御家人には、厳罰を科す」というお触れも出した。こういうお触れを出すということは、逆にいえば、悪党を匿っている守護、地頭、御家人がかなりいたということである。

守護、地頭、御家人というのは、幕府にとっては身内のようなものだった。その中に、悪党を匿う者が大勢いたということは、幕府の「支持率」が急激に下がっていたということの現れでもある。

当時、執権北条家による官職の独占に対する反発や、元寇による国力の疲弊などで、幕府に不満を持つ者が増えていた。

その不平分子を吸収する形で悪党たちは急激に巨大化していき、幕府にとって大きな対抗勢力となっていった。かの楠木正成も、もともとは「悪党」の一派だったともいわれている。

この悪党の勢力はやがて討幕運動に変わっていく。
その機会をうまく捉えて後醍醐天皇が挙兵し、鎌倉幕府はあっけなく倒れたのだ。

平安時代から鎌倉時代の土地所有の流れ

すべての土地は原則として国家のもの

↓

貴族などが荘園として私有しはじめ、
朝廷のコントロールが効かなくなる

↓

荘園の現場管理者が力をつけ貴族の
コントロールも効かなくなる

↓

荘園の現場管理者が武装し武家となる

↓

源氏の勝利により武家の土地所有が
認められ、封建制度の世の中になる

第4章

応仁の乱——なぜ日野富子は「金の亡者」だったのか

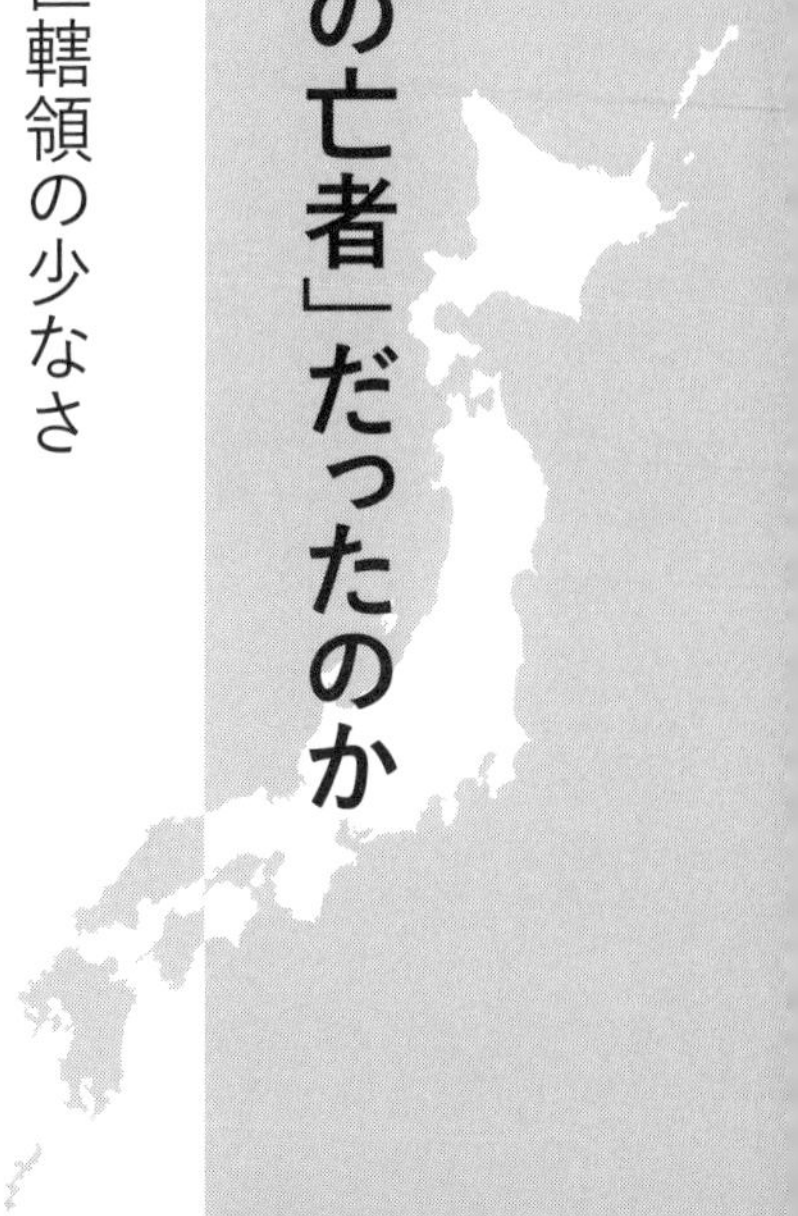

「応仁の乱」の原因は室町幕府の直轄領の少なさ

戦国時代のきっかけになったとされる応仁の乱。

この応仁の乱の原因や結果は、非常にわかりにくい。

教科書的にいえば、将軍家の世継問題が応仁の乱の原因だったとされている。

九代目の足利《あしかが》将軍を、八代将軍義政《よしまさ》の実子である義尚《よしひさ》にするか、実弟で養子になっていた義視《よしみ》にするかで、足利家や有力守護の間で争いが起きた。それに守護大名の畠山家の後継ぎ問題などもからみ、幕府の有力者や守護大名たちが東軍と西軍に分かれて大規模な戦乱に発展した、ということになっている。

が、この応仁の乱は、「敵と味方」の構図がはっきりしない。

一応、東軍の大将は細川勝元《ほそかわかつもと》で、西軍の大将は山名宗全《やまなそうぜん》ということになっている。が、この二人、以前は同盟関係でもあった。また細川家と山名家は、後に和睦し両者が組んで、守護大名の畠山義就《はたけやまよしなり》を攻撃している。

また東軍、西軍の中でも、それぞれ敵味方が何度もごっちゃになっており、わけがわからない。

実は「応仁の乱」の当時、非常に政治が不安定で、いつ騒乱が起きてもおかしくない状況にあった。だから、将軍の跡目争いなどは「きっかけ」にすぎないのである。

そして、応仁の乱当時の政治の不安定さの要因は、室町幕府の直轄領の少なさと、財政力の弱さにあったといえる。

武家政権である鎌倉幕府の直轄領が少なかったということを前述したが、室町幕府はそれよりもさらに少なかった。

足利幕府の所領である「公方《くぼう》御料所」の明確な広さはわかっていない。が、鎌倉幕府よりかなり少なかったと見られている。後年の石高換算でいえば、多めに見積もっても二百万石程度だったと見られる。

幕府の直轄領が少ないということは、すなわち財政力、軍事力が小さいということである。

古今東西において「政権」というものは、財政力、軍事力の裏付けがないと安定しないものである。室町幕府は、この財政力、軍事力が他の政権に比べて極端に弱かった。

室町幕府には金閣寺、銀閣寺のイメージがあり、「金持ち」だったように思われる方も多いかもしれない。

が、実体はその正反対である。

室町幕府が、金閣寺、銀閣寺をつくったのは、将軍家の虚栄のためであり、財政力がないことの裏返しである。また金閣寺、銀閣寺は、様相こそ美しいが、建築物の規模自体はそう大きなものではなく、建設費から見ればそれほど大きな財力は必要なかったのである。

室町幕府は、軍事力も歴代の日本の政権の中ではもっとも小さかったといえる。

室町政権は、武家の足利尊氏が武力で切り開いたものなので、軍事的に強かったように思われている。が、足利尊氏は、各地の武家を寄せ集めて勝利したのであり、直轄する軍は驚くほど小さなものだったのである。

◆山名家や細川家は、幕府より大きな所領を持っていた

しかも室町幕府の財政力、軍事力は、時を経るごとに弱小化していき、室町時代の末期に

は財政破綻《はたん》のような状態にあった。幕府は何をするにも、管領《かんれい》や守護の協力を仰がなくてはならなくなり、必然的に管領や守護の発言力が増した。管領とは室町幕府の重臣クラスの官職であり、守護とは幕府から任命された一国の行政責任者のことである。

管領や守護たちが対立しても、幕府ではそれを抑えることができない。

幕府の所領が小さいということは、武家政権としては致命的でもあった。所領の大きさは、年貢の多寡《たか》だけに影響するものではない。兵の動員力にも大きく関係してくるのだ。

だから、室町幕府は、各地で紛争や乱が起きたときには、直轄軍で鎮圧することができず、管領や守護などに命じて平定にあたらせた。もちろん、紛争や乱はなかなか平定されない上に、管領、守護の権力が強大化することになっていった。

そのため、室町時代の後半では、各地で乱が頻発した上に、管領や守護が台頭していくという現象が生じていたのである。

鎌倉以来の武家政権の権威というのは、「武家同士の争いを仲裁する」ということで保たれてきた。全国の武家は、「何かもめごとがあったとき、幕府に申し立てをすれば解決してくれる」という信頼があったからこそ、幕府に従っていたのである。

しかし、室町幕府は、その武家政権としての使命を果たせない状態になっていた。

足利将軍の臣下であるはずの山名家、細川家の方が、はるかに大きな所領を持っていた。

応仁の乱の東陣営の首領である細川家は、摂津《せっつ》、丹波《たんば》、讃岐《さぬき》、土佐の守護を世襲し、一族全体では阿波《あわ》、備中《びっちゅう》、和泉《いずみ》、淡路《あわじ》も治めていた。つまり、近畿、四国一体で大きな勢力を持っていたのだ。もちろん、将軍の直轄地の二百万石を大きく超えるものである。

西陣営の首領である山名氏は、14世紀末に中国地方で11か国の守護職を務めるなど、強大な勢力を誇っていた。明徳2（1391）年の「明徳の乱」に敗北し、一時的に勢力は衰えるが、その後、復権し、室町時代後半には細川家に匹敵する勢力を持っていた。

細川家にしろ、山名家にしろ、共通するのは、将軍家をしのぐ財力、勢力を持っていたということである。これでは、足利将軍が全国の武家に睨《にら》みを利かせることはできない。

それが、全国各地での紛争や乱を招き、さらにエスカレートしたものが、応仁の乱だったのである。応仁の乱が起きた当時の社会は、いつ大きな爆発が起きてもおかしくない状態だったのだ。

そして戦国時代は、「応仁の乱」により突発的に始まったものではない。

それ以前から、「国中が戦乱になる」ような兆候は見られたのである。応仁の乱は、最後のきっかけにすぎず、応仁の乱が起きずとも、遅かれ早かれ戦乱の世が訪れるのは間違いがなかったところなのだ。

◆なぜ日野富子は「金の亡者」になったのか？

応仁の乱が語られるとき、必ず登場する悪女がいる。

日野富子《ひのとみこ》である。

日野富子は、応仁の乱が起きた当時の将軍である足利義政の正室である。

応仁の乱のきっかけとなったとされる将軍の後継問題において、足利義尚、足利義視の二人の将軍候補は、どちらも日野富子と深い関係を持っていた。足利義尚は富子の実子であり、足利義視は富子の妹の夫（つまり富子の義弟にあたる）なのである。

足利義政と日野富子の夫妻には、長い間、男子が生まれなかった。最初にできた男子は、生後間もなく夭逝《ようせい》してしまった。そのため、足利義政夫妻は、義政の弟の足利義視を次の将軍にしようと考えた。日野富子は、その際に自分の妹を次期将軍の足利義視に娶《めと》らせたのだ。

が、義視が後継将軍に決まってから、日野富子が男子を出産した。その男子が足利義尚である。自分の実子を将軍にしたいと思った日野富子は、次期将軍に内定していた足利義視を排斥しようとした。そのことが、応仁の乱のきっかけになったとされているのだ。

しかも日野富子は、金の亡者であり、七万貫もの大金を幕府の御倉にため込み、それをほかの武将などに貸し付けて利を得ていたとされる。

このため日野富子は、「金の亡者」「悪女」というレッテルを貼られ、「日本三大悪女」に挙げられることもある。

しかし、日野富子は実はそれほど悪女ではない。

というより、日野富子の存在ほど、室町幕府の財政力の弱さを象徴しているものはないのである。日野富子は好き好んで金の亡者になったわけではなく、金の亡者にならざるを得なかったのだ。なぜならば、室町幕府の財政力があまりに弱く、時局に対する発言力がなかった。**幕府の発言力を高めるには財力を高めるしかなかったのだ。**

日野富子の実家の日野家は、幕府の財政官的な仕事をしていた。

そして日野家は資産家でもあり、銭一万疋《びき》を土倉《どそう》に貸したり、五十貫文を公方御倉《くぼうおくら》である正実《しょうじつ》奏運に貸したりしている。公方御倉とは、幕府の財産が納められているところである。御料所からの収入、守護たちの献上品、段銭《たんせん》（田畑の一段［一反］あたりに課せられる臨時税）、酒屋土倉役などの国内からの歳入、勘合符《かんごうふ》（勘合貿易で用いられた割符）や交易品などもここに納められていた。

この公方御倉に金を貸すということは、日野家がそれだけ足利家と深い関係にあるということでもあり、また幕府の金が不足していたということでもある。

この実家の影響から、日野富子自身も財テクに関心があったと思われる。また足利将軍家としても日野富子を正室にしたのは、日野家の財政力が要因の一つだったと考えられる。

日野富子の財力を示すエピソードとして、応仁の乱の際に出陣していた畠山義就に一千貫を貸していることがよく取りざたされる。畠山義就はこの直後に京都から撤退しているので、和平工作だったともいわれ、撤退費用の工面だったともいわれる。つまりは、畠山に一千貫を差し出すことで、撤兵させたということだ。

また日野富子は、応仁の乱後、除目《じもく》叙任や春日祭など、戦乱で中断していた朝廷や寺社の祭礼を復活させた。そのため、相当の金を持っているのではないか、と噂されるようになったのだ。

日野富子の悪名を決定づけたのは、京都七口《ななくち》の関所問題である。

足利幕府は、文明10（1478）年、京都に入る七つの入り口に関所を設けた。そして、通行税を取ることにしたのだ。これは応仁の乱で、荒廃した内裏の修造費用を捻出《ねんしゅつ》するためという名目であり、日野富子が画策したといわれている。

日野富子の悪口をさんざん書いている『大乗院寺社雑事記』には、「この通行税は内裏修造費用に使われず、日野富子が自分のものにした」と記されている。

こうして見てみると、確かに日野富子は自分の権力欲しさに、身内同士の争いを招き、しかも争乱の最中に金儲けをしており、「稀代《きたい》の悪女」というようなイメージを受けるが、彼女の所業を詳細に見ていくと、前述した通り決してそう簡単に「悪い女」として片づけられるようなものではない。

まず、富子がため込んだとされる七万貫という銭について検証したい。当時の七万貫は現代の貨幣価値にして40億円以上とされている。これは個人としての貯蓄であれば、確かに大きい。

が、幕府の資産として見た場合、まったく大した金額ではない。

たとえば上杉謙信は、柏崎《かしわざき》と直江津《なおえつ》の二つの港からの関税収入だけで、年間四万貫を得ていたとされる。また織田信長は堺を抑えたときに堺の会合衆から二万貫の矢銭（軍事費税）を徴収している。有力戦国武将にとって、数万貫程度の金はすぐに入るし、戦争をするにはその程度はすぐに必要だったのだ。戦国時代は銭不足の時代でありデフレが起きていたので、日野富子の時代よりも、上杉謙信や織田信長の時代の方が銭の価値は高い。

だから、日野富子が幕府の御倉に七万貫をため込んでいたとしても、それほど大したことではないのだ。

そして、応仁の乱に出陣していた畠山義就に和平工作か撤退費用として一千貫を渡したというのも将軍家としては情けない話である。もし将軍家の軍事力が充実しているならば、和平工作などせずとも実力で排除できるわけだ。それを一武将に撤退してもらうために、一千貫程度のお金を渡しているわけである。

つまりは日野富子としては軍事力がなかったので、金でなんとかするしかなかったということなのである。

また京都七口の関所問題も、室町幕府の財政事情がにじみ出ているのだ。

室町幕府は、応仁の乱が終息した直後から、荒廃した京都の再建費用捻出に奔走していた。文明10（1478）年から、総奉行を置いて諸国から段銭《たんせん》の徴収をしようと画策した。段銭というのは、前述したが、田畑の一段（一反）あたりに課せられる臨時税のことである。

しかし諸国はこの段銭の徴収になかなか応じず、思ったように費用が集まらなかった。

そのためやむを得ず、将軍家のおひざ元である京都の七口に関所を設け、通行税を取ることにしたというわけだ。

もちろん京都やその周辺の住民は猛反発し、一揆も起きた。足利幕府としては、全国から税を取れないので、京都近郊でより多くを取るしかなかったのだ。それが、日野富子の悪評につながったのである。

◆なぜ足利幕府の直轄領は少なかったのか？

なぜ、足利将軍家は、これほど財政力が弱かったのか？

なぜこれほど少ない領土しか持っていなかったのか？

それは、足利幕府の創設時の経緯が大きく関係している。

ご存知のように、鎌倉幕府が倒れてからしばらく、足利将軍による政権と、後醍醐天皇による政権という二重政権となっていた。

いわゆる南北朝時代である。

この南北朝時代により、足利政権の経済基盤は大きく削られることになったのだ。

というのも、足利政権は内部でもめごとがあると、不満のある武家はすぐに足利幕府の傘下から抜け出し、南朝につくというようなことを行なった。

そのため足利幕府は、より多くの味方をつけるために、自家の所領を削って家臣に分け与えるようなことをしなければならなかったのだ。

また戦乱が起きてそれを鎮圧するような場合、幕府は他の守護などの力を借りなくてはならないので、そのときにも褒賞として土地を与えなければならなかった。

たとえば、室町時代の前半、明徳2（1391）年に、「明徳の乱」という戦乱があった。これは、11か国の守護だった山名氏が室町幕府に対して起こした叛乱《はんらん》であり、最終的には幕府側の勝利に終わった。

が、室町幕府は山名氏を単独で抑える武力はなかったため、管領や守護大名たちの力を結集せねばならなかったのだ。

この明徳の乱の後、室町幕府は、管領や守護大名たちに新たに領地を与えることになった。叛乱者である山名氏は11か国から3か国に削られたので、都合8か国が浮いたわけだが、その8か国は、山城《やましろ》を畠山基国《はたけやまもとくに》に、丹波を細川頼元に、丹後を一色満範《いっしきみつのり》に、美作《みまさか》を赤松義則《あかまつよしのり》に、和泉・紀伊を大内義弘に、但馬《たじま》を山名時熙《やまなときひろ》に、因幡《いなば》を山名氏家《うじいえ》に、伯耆《ほうき》を山名氏之《うじゆき》に、隠岐《おき》・出雲《いずも》を京極高詮《きょうごくたかのり》に与えた。

つまり、将軍家の直轄領はほとんど増えていないのである。

この乱では、将軍の直轄軍も中心になって働いた。もちろん、軍事費も相当かかったはずだ。しかし将軍家は、この軍事費を回収することはできておらず、財政を悪化させただけで終わったのだ。

しかも、室町幕府の時代には、日本中が荘園化しており、公領というのが非常に少なくなっていた。

鎌倉幕府は、将軍の家来である御家人を、要衝《ようしょう》の地の国司に据えることで、税収を賄っていた。公領がまだ残っていたから、それができたのだ。

が、室町時代になると、公領も武家たちに侵食され、公領である「国衙領」はごくわずかだった。国司という職も形骸化《けいがいか》していた。

室町幕府は、御家人を国司にしても税収を得ることはほとんどできず、幕府の直轄領（荘園）を経営することにより財源を賄わなければならなかった。この室町幕府の直轄領は、形式的には荘園であるが、荘園とは言わずに「公方御料所」と言われていた。この「公方御料所」が先ほども述べたように、二百万石程度しかなかったのだ。

家臣から白昼堂々殺害された第6代将軍

室町政権の存立基盤の弱さを示す象徴的なエピソードを一つご紹介したい。

嘉吉《かきつ》元（1441）年、第6代将軍の足利義教《あしかがよしのり》が、家臣の赤松満祐《みつすけ》・教康《のりやす》父子に、白昼堂々殺害されるという事件が起きた。

これは、失脚を恐れた赤松満祐が先手を打って、将軍を祝宴に招きだまし討ちにしたというものである。

そして赤松満祐は、足利尊氏の庶子、直冬の孫とされる足利義尊《よしたか》を新将軍にしようとした。

この事件は「嘉吉の乱」といわれるもので、最終的に幕府の討伐軍によって赤松満祐と教康は自害に追い込まれている（教康は生き延びて薩摩《さつま》・島津家の家臣になったという説もある）。

だから、とりあえず幕府の威厳は保たれた。

しかし、白昼堂々と将軍が家臣から殺されたこと、家臣が将軍の後継ぎをかつぎあげようとしたことなど、**将軍の存在が軽かったことを象徴するエピソードだといえる。**

応仁の乱の前触れ的な事件でもあった。

この6代将軍、足利義教は、弱体化しつつあった室町幕府を再興しようとした人物でもある。彼は、丹後や尾張《おわり》などに4か国を有する一色義貫《いっしきよしつら》を誅殺するなどし、急速に力をつけてきた守護大名たちを押さえつけようとした。

赤松満祐・教康から暗殺されたのも、その反動と見ることもでき、つまり足利義教は幕府の再興に失敗したのである。

第5章

大地主だった中世の寺社

「寺社」という巨大勢力

朝廷が弱体化して武家政権が誕生し、その武家政権も財政基盤の弱さからフラフラしている時代に、第三の勢力ともいえる巨大な財力を持つ団体群が生じていた。

寺社勢力である。

平安時代から戦国時代にかけて、寺社勢力は非常に大きな力を持っていた。それは、現代の我々の想像をはるかに超えるものだった。

現在の我々の感覚から見れば、寺社というのは、静かなところにあって、葬式や法事のときに世話になる場所、品行方正な僧侶たちが修行している場所、というイメージになるだろう。

しかし当時の寺社は、現在とは相当違うのだ。

当時の仏教は国の政治経済の中枢を握っている「特権階級」だった。中世の寺社は、極端にいえば社会の中心ともいえる存在だった。

寺社は古来、政権から優遇されていた。

墾田永年私財法ができた当初、貴族たちには荘園の広さの制限が決められていたが、寺社には制限がつくられていなかった。その後、寺社にも制限が加えられたが、貴族よりもはるかに緩いものだった。

だから寺社は有力貴族よりも広大な荘園を所有していたのだ。

しかも寺社の荘園は、貴族の荘園のように武家に侵食されることは少なかった。平安時代に広大だった貴族の荘園は、鎌倉時代から戦国時代までの間に、武家に侵食されてしまっていた。だから、戦国時代の時点で、公卿《くぎょう》や貴族が所有している荘園はわずかなものだった。

しかし寺社は平安時代から戦国時代まで、広大な荘園を保持し続け、さらに拡大し続けた。

たとえば、**現在わかっているだけで比叡山延暦寺の荘園の数は285か所を数える**（『近江から日本史を読み直す』今谷明著・講談社現代新書）。

比叡山延暦寺の古記録は信長の焼き討ちのときほとんど失われており、荘園の記録も多くが不明になっているにもかかわらず、これだけの数の荘園が判明しているのである。実際の数は、それをはるかに超えたと思われる。しかも比叡山の荘園は、近江《おうみ》や近畿ばかりではなく、北陸、山陰、九州にまで分布していた。

現存する記録だけを見ても、近江の荘園の4割、若狭《わかさ》の3割は比叡山関係のものだったと推測されるという（『湖の国の中世史』高橋昌明著・平凡社）。

比叡山延暦寺は農地だけではなく、京都の繁華街にも広い領地を持っていた。

京都・五条町に3ヘクタールもの領地を持っていたことがわかっている。

これは後醍醐《ごだいご》天皇の二条富小路内裏《とみのこうじだいり》と足利尊氏邸を合わせても、さらに広いのである。

当時の京都というのは、日本の首都であり、日本一の繁華街でもある。今でいうならば、銀座、渋谷あたりということになるだろう。

そこに3ヘクタールもの土地を持っているのだから、地子銭《じしせん》（地代）だけで相当な額に上ったはずである。

また広大な領地を持っていたのは比叡山延暦寺だけではない。ほかの寺社も、日本全国に相当な荘園を持っていた。

たとえば紀伊国（現和歌山県）では、水田面積の8、9割が寺社の領地だったとされている。

また大和（現奈良県）では、興福寺、東大寺、多武峰《とうのみね》、高野山、金峯山《きんぷせん》領でない土地はないというほどだった（『寺社勢力の中世』伊藤正敏著・ちくま新書）。

◎寺社の多くが悪徳金融業者だった

しかも寺社は、その広大な荘園からの収穫物を元手にして、悪徳な商売を手広く行なっていた。その悪徳商売とは「高利貸し」である。

中世から戦国にかけての寺社の多くが、悪徳金融業者だったのだ。

当時は、金貸業者は「土倉」と呼ばれていた。

土倉とは、今でいう質屋とほぼ同様のものである。質草をとって金を貸す。質草を保管するのは土倉であることが多かったので、土倉と呼ばれるようになったのだ。

この土倉の多くは寺社が関係しており、しかもその大半は比叡山延暦寺が牛耳っていたといわれている。

比叡山の土倉は、「山門気風の土倉」といわれた。山門とは比叡山のことであり、つまり比叡山は土倉の代名詞とさえなっていたのだ。

京都の土倉の八割は、比叡山延暦寺の関連グループだったとされており、全国の土倉に影響を及ぼしていた。だからこそ「山の土倉」などといわれていたのだ。今でいうならば、三菱グループや三井グループのような存在か、もしくはそれ以上の存在だったわけだ。

比叡山延暦寺が金融業を始めたのは、平安時代のことである。

比叡山にある日吉大社が、延暦寺に納められた米「日吉上分米《じょうぶんまい》」を、出挙《すいこ》として高利で貸し出していたのだ。

出挙というのは、古代、国が貧しい農民に種籾《たねもみ》を貸し出し、秋に利息をつけて返還させたことに端を発している。

当初は貧民対策だったものが、次第に「利息収入」に重きが置かれるようになり、いつの間にか国家の重要な財源となった。また私的に出挙を行なう者も出てきて、「私出挙《しすいこ》」と呼ばれ、貸金業と同様の業態になっていった。

この私出挙を精力的に行なっていたのが、日吉大社なのである。

日吉大社は、『古事記』にもその記述がある由緒ある比叡山の神社である。延暦寺が比叡山に建立された際、日吉大社を守護神とした。そのため、中世から戦国にかけて、日吉大社は延暦寺と表裏一体となって隆盛を極める。

その由緒ある日吉大社は、古代から〝神人《じにん》〟たちが勢力的に私出挙を行なった。

神人とは、簡単にいえば大社の職員である。彼らは諸国に出向いて、公卿から物売り女にまであらゆる階層に広く私出挙を行なっていたことがわかっている。

中世になり貨幣経済の発展とともに、〝私出挙〟は本格的な貸金業である〝土倉〟へと進化していった。

そしてこの土倉の利息というのが半端ではなかった。**当時ではごく標準的な利息が年利48%～72%だったという**（『中世人の生活世界』勝俣鎮夫編・山川出版社「中世後期における土倉債権の安定性」中島圭一著）。

現代の消費者金融をはるかにしのぐ超高利貸しである。

もちろん貸金業につきものの「債務不履行」なども頻発した。

借金のかたに取られた零細な田が京都周辺の各所に点在し、それは日吉田《ひえでん》と呼ばれた。

彼らは、借金取り立ての際には、公家の屋敷にも乱入することがあった。1370年には、比叡山の債権取り立て人が公家の家に押し入ることを禁止する令が出されている。それほど厳しい取り立てをしていたということである。

比叡山に限らず、当時の有力な寺社は、金貸業を営んでいることが多かった。熊野、高野山なども有名な土倉オーナーだったのだ。

明確なデータはないのだが、中世の金貸業のほとんどは寺社が関与していたのではないか、とされている。

なぜ寺社が金貸業を営むことが多かったのか？

まず第一に、寺社には多くの富が蓄積されていた、ということである。寺社は多くの荘園を持っていた上に、庶民からの寄進も多い。蓄積された富を運用するために、「金貸業」が行なわれたのである。

そして、寺社には金融業として有利な要素があった。金を借りたものが返さない場合、「罰が当たる」と言えば、借金者はおそれおののく。つまり、寺社は借金の取り立てがしやすいのである。

また中世では、貸金業者が借金の取り立てをする場合、相手に暴力を用いることもあった。そのため武装した集団をかこっていた。この武装集団は、盗賊対策にも役立てられた。当時は、裕福な寺社を狙った盗賊が多かったのだ。

このように寺社は非常に物騒で、欲の深い集団だった。いってみれば〝武装した悪徳消費者金融〟だったのである。

平安時代から比叡山延暦寺は嫌われ者だった

これほど大きな力を持った比叡山延暦寺は、当然、政権から疎まれる。比叡山を忌み嫌っていたのは、なにも織田信長だけではないのだ。

平安時代の朝廷も、すでに比叡山延暦寺を疎んじていた。

平安時代末期の白河上皇は、天下三不如意（世の中で思い通りにならないもの三個の代表）として、賀茂川の水、サイコロの目、そして比叡山の僧を挙げている。

つまり、平安時代から比叡山はすでに世の中の弊害として見られていたのだ。

それは武士の世になっても、変わることはなかった。

鎌倉時代初期の歌人、藤原定家もこう述べている。

「妻子を帯び、出挙して富裕なるもの、悪事を張行し、山門（比叡山）に充満す」

つまり延暦寺の僧は、妻を持ち子をつくり、高利貸しで巨額の富を蓄えるなどの悪事を働くものが充満している、ということだ。

また鎌倉時代の初期、4度も天台座主《ざす》（延暦寺の最高責任者）の地位についた慈円《じえん》大僧正は、次のような歌を詠んでいる。

世の中に山てふ山は多かれど山とは比叡の御山をぞいふ（『拾玉集《しゅうぎょくしゅう》』）

つまりは、「山」という言葉だけで比叡山を意味したほど、比叡山は有名であり、世の中に影響力があったということである。中世の比叡山は、天下をとったも同然だったのだ。

もちろん、為政者としては、何とかして比叡山の勢力を排除したい。

しかし、なかなかそれができない事情があった。**寺社の中に権力者の子弟が多数含まれていたのである。**

当時の僧は、今の僧とは随分違う。

現在のお坊さん、住職というと、ほとんどの場合、寺の家に生まれた子が家を継いだというものである。また稀に「思うところがあり俗世間から離れて出家したい」といって、僧になった人もいる。僧になるパターンとしては、せいぜいそのくらいである。

しかし、当時の僧というのは、様々な階層の人が集まっていたのである。

貧しい家が口減らしのために子供を寺にやるというケースから、高貴な家柄の子供が家の複雑な事情などで寺に入れられるケースもあった。そして当時の寺社には、公家や武家などの高貴な家の出身者も多かったのだ。

たとえば、前出の慈円大僧正は、摂政関白藤原忠通《ふじわらのただみち》の子である。

また室町幕府の第６代将軍足利義教は、元々は延暦寺に僧として入れられていた。しかも彼は僧として出世し天台座主にまで上り詰めていた。その後、ちょうどいい将軍の跡継ぎがいなかったため還俗《げんぞく》させられて第６代将軍になったのだ。

つまり、延暦寺の最高幹部が、幕府の将軍になったりしているのだ（ただ義教自身は将軍に就任してからは寺社が勢力を持つことを嫌い、比叡山勢力と対決したこともあった）。

これは、政権にとっては厄介なことである。

高貴な家柄の僧もいるので、幕府や守護などもなかなか寺社には文句が言えない。

また高貴な家柄の子供の場合、家から大きな支援を受けることも多い。多額の金品を贈られたり、荘園を与えられたりして、それがまた寺社の勢力拡大に結び付いたのである。

◉室町幕府の比叡山焼き討ち事件

比叡山延暦寺の焼き討ちというと、織田信長が有名だが、実はこれを行なったのは信長が最初ではない。

信長の焼き討ちからさかのぼること１４０年前に、室町幕府も比叡山延暦寺を焼き討ちにしているのだ。

室町時代、比叡山延暦寺は近江守護の六角《ろっかく》氏をしのぐほどの勢力を持つようになり、幕府にとっても脅威となっていた。

室町幕府は、苦肉の策として比叡山を政権の内部に取り込もうとした。

14世紀末くらいから、比叡山・延暦寺の有力な僧に「使節」という職名を与え、官職として取り立てたのだ。

比叡山の行住坊、禅住坊、金輪院などに「使節」の官職が与えられ、彼らは〝山門使節〟と呼ばれた。使節には、寺社領地内の裁判権が与えられ、幕府と寺社との窓口の役割も果たした。守護とほぼ同じ職権が与えられたのである。

また使節は世襲制であり、〝使節〟の家は大名家同様の扱いを受けた（つまり比叡山の〝高僧〟は妻帯していたのである）。

比叡山だけでなく、高野山にも、三宝院、常光院などの〝高野山使節〟がいたことが明らかになっており、当時の有力な寺社は軒並み〝使節〟となっていたようである。

〝使節〟というのは、実質的に守護大名であり、寺社というのは仏教の名を借りた大名だったといえるのだ。

しかし比叡山は、これで幕府に丸めこまれることはなかった。

おとなしくなるどころか、ますます図に乗るようになったのだ。ちょっとしたことで強訴《ごうそ》を繰り返し、たびたび世間を騒がせた。強訴というのは、寺社が〝神罰〟や武力をふりかざして、政権に対して強い要求をすることである。

そして室町政権側もついに業《ごう》を煮やし、比叡山と対決する。

永享5（1433）年のことである。

「比叡山の僧の光聚院猷秀《こうじゅいんゆうしゅう》が不正を働いている」

として、他の比叡山の僧たちが団結して、幕府に訴え出た。幕府は一旦はその訴えを聞き入れ、光聚院猷秀を土佐に流した。

しかし調子に乗った比叡山の僧たちは、この訴えに加わらなかった園城寺《おんじょうじ》に因縁をつけ、焼き討ちにしてしまった。延暦寺は園城寺を敵対視しており、強訴のどさくさにまぎれて攻撃したのだった。

これに怒った時の将軍足利義教は、**琵琶湖と西近江路を封鎖し、比叡山ふもとの坂本の町を焼き払ったのである。**

このときは、延暦寺側が降伏し、一応、事は収まった。

これは信長の延暦寺焼き討ちの140年前の出来事である。もうこの頃から、政権側は延暦寺に対して「我慢ならん」というところまで行っていたのだ。

しかし、延暦寺の横暴はこれでも収まることはなかった。

第6章

信長の国家改造計画

信長は革新的な土地政策を行なった

戦国時代の革命児とされる織田信長。

彼は奇異ともとれるような、他の武将とは違った行動をとってきた。

たとえば信長は、延暦寺をはじめとする寺社と敵対しこれを焼き討ちにした。当時の寺社は、世間から畏怖されていた存在であり、他の戦国武将たちは保護したりはするが焼き討ちにするようなことはまずなかった。

また信長は将軍を擁《よう》して京都に旗を立てた後、「畿内五か国を与える」という将軍の提案を断り、その代わりに堺、大津、草津に代官を置かせてほしいと申し出た。

戦国武将というのは、土地を巡って争っていたものであり、畿内の五か国などという土地は喉から手が出るほど欲しかったはずである。にもかかわらず信長は、この提案にまったく乗らなかった。

さらに、信長は後年、朝廷から征夷大将軍に推されていたが、征夷大将軍にはならず太政大臣になったと見られている。当時の武家にとっての最高位は、征夷大将軍であり、これも当時の武家の価値観から見れば理解しがたいものである。

そのために信長は異端児的な見方をされることも多い。

が、信長のこれらの行動は、実は非常に合理的だったのである。

信長は、室町時代が抱えていた「土地問題」「財政問題」を的確にとらえ、そのもっとも直接的な改善策を取ろうとしてきた。

逆にいえば、それらのことは、室町の将軍たちやほかの戦国武将たちが改善できずに放置してきた問題だったということである。

信長は、他の戦国武将たちが手を出さなかった「室町時代の社会問題」に対して、臆せずに改革を試みようとしてきた。「室町時代の社会問題」とは、土地の統治関係があいまいになり徴税や行政がスムーズに行なわれなくなったこと、寺社が異常に財力や軍事力をつけていること等々である。

信長は領内の土地改革、財政改革を行ない、これを解決していった。信長が急速に勢力範囲を広げることができたのも、そのためだといえる。

またその一方で、信長の土地改革、財政改革があまりにも急激だったことが、信長の寿命を縮めることになったのである。

◎信長の農地改革と大減税

あまり語られることがないが、実は、信長は大胆な農地改革をし、領民に対して「大減税」を施している。

信長は常に周囲の勢力と戦いながら版図《はんと》を急激に広げていった。

それは自国領が安定していなければできないことである。領民の支持を得られなければ、領民に抵抗されたり逃亡されたりして、スムーズな領土拡大ができない。逆に領民が潤えば、人口が増え、領内が発展すれば税収も増える。それは国力増強につながる。

信長が天下統一事業を急速に進められたのは、自国の統治が他の大名に比べてうまくいっていたからに他ならない。

信長は、戦国時代の農地のシステムを簡略にして、中間搾取を極力減らし、農民の負担を大幅に軽減した。

戦国時代の農民の税負担は、かなり重かった。

室町時代後半から戦国時代にかけての年貢は、複雑な仕組みとなっていた。

当時、日本の農地の大部分は荘園となっていたが、本来荘園の持ち主は荘園領主だった。前述の通り、荘園領主というのは、自分の領地から遠く離れて住んでいることが多く、実際の管理は荘官や地頭に任されていた。そのうち荘官や地頭の力が強くなり、彼らが実質的な領主になっていったのだ。

そうなると、どういうことが起きるか？　本来の荘園領主と、荘官や地頭が「二重」に税を取るような事態になるのだ。

「二重」とまではいかずとも、税の仕組みが複雑になり、農民は余計な税負担を強いられることが多々あった。

つまり、中間搾取が増えていったのである。

室町幕府は、各地に守護を置いていた。守護は本来、中央政府から任命された一役人にすぎなかった。それが、中央政府が弱体化すると力をつけていき、実質的にその地域を治めるようになっていった。それが守護大名といわれるものである。さらにその守護大名の力が弱くなって、その地位を奪う戦国大名が出現してきた。

これも農民にとって負担が増える要因になった。農民は荘官に年貢を払うだけでなく、守護にも「段銭」という形で税を取られるようになった。段銭というのは、農地一段（一反）あたりに課せられる租税のことである。もともとは戦争時などに臨時的に徴収されたのが始まりだが、戦国時代には半ば常態的に取られている地域もあった。

また新興勢力である「加地子名主《かじし》」にも、事実上の年貢を納めなくてはならなくなっていた。「加地子名主」というのは、もともとは農民だった者が力をつけて地主的な存在になったもののことである。

このように戦国時代では社会のシステムが崩壊し、力の強いものがどんどん収奪するようになっていたのだ。

戦国大名は、この社会システムを再構築する必要に迫られていった。今のままでは、農民は幾重にも税を払わなければならないため民力を圧迫してしまう。また大名の年貢の取り分も非常に低い。

「分散した年貢徴収システムを一括にまとめること」

それが戦国大名にとっての大命題だったのである。

しかし多くの戦国大名はそれができなかった。

たとえば、武田信玄は、寺社や国人などの徴税権をそのままにしておいたので、自身の取り分が少なくなり農民に過酷な税を課すことになった。それは農民の大量流出などを招き、領内経済を疲弊させた。

信長はそうではなかった。自分の支配地からは、極力、中間搾取を排除し、税体系を再構築したのだ。

信長は自領内に対して「農民には原則として年貢のほかには、重い税を課してはならない」という規則をつくった。

また、信長領の年貢もかなり安かった。

信長領全体における年貢率の明確な記録は残っていない。が、永禄11（1568）年、近江の六角氏領を新たに領有したときに、「収穫高の3分の1」を年貢とするように定めている。この地域だけ特別に税を安くするはずはないので、信長領全体もだいたいこの数値の前後だったと考えられる。

年貢率を収穫高の3分の1に定めるというのは、かなり安いといえる。

江戸時代の年貢は、五公五民、四公六民などといわれ、収穫高の4割から5割が年貢として取られていたとされている。また戦国時代は戦時だったので、江戸時代よりも年貢は重かったと考えられている。だから信長領の年貢率3割という定めは、かなり安かったと考えられる。

◎強大な〝支配階級〟としての寺社

次に、なぜ信長が、寺社と敵対し、戦争や焼き討ちなどをしたのかについて追究したい。前述したように、平安時代から室町時代にかけて、寺社は国の政治経済の中枢を握っている「大財閥」だった。

そして戦国時代には、その財力をさらにパワーアップしていた。

イエズス会宣教師のルイス・フロイスは根来寺《ねごろじ》の僧のことを「彼らは富裕であり、絹の着物を着て、剣や短剣には金の飾りをしていた。髪は背の半ばまで伸ばして結んでいた」と書き記している。

絹の服を着ることは、当時としては相当な金持ちしかできないことだった。戦国時代は、絹の生産はあまり行なわれていなかったので、ほとんどが輸入品だったはずだ。また金の装飾品なども、そうそう入手できるものではなかった。このことからも当時の根来僧がいかに裕福だったかわかるものである。

同じくイエズス会の宣教師の報告書では、日蓮宗の本国寺《ほんこくじ》について「彼らの収入の多くは、檀家の寄進で、彼らはこれによって贅沢に衣食している」と述べている。

また寺社は、広大な田地を保有していただけではなく、商工業の支配者でもあった。

当時の商業においては、〝市《いち》〟というものが重要な位置を占めていたが、この〝市〟は、実はほとんど寺社が握っていたのだ。

当時の〝市〟は、寺社の縁日に開かれることが多かった。市に出店するには、寺社の許可がいるし、当然、地子銭《じしせん》（地代）が発生する。

〝市〟を支配していた寺社たちは、やがて商品流通そのものを支配するようになる。朝廷や幕府にはたらきかけて独占販売権を入手したり、座をつくって他業者を締め出したりするようになったのだ。

当時、絹、酒、麴《こうじ》、油など重要な商品は、寺社によって牛耳られていた。酒は比叡山が、織物は祇園社が、麴は北野社が、油は南禅寺などが大きなシェアを持っていたといわれている。

つまり寺社は、広大な土地、莫大な資産を持っていた上に、商工業を握っていたのである。

寺社が国の経済を支配しているということは、政府にとっても民にとっても好ましいものではない。室町幕府の財政基盤が弱かったのもこれが要因の一つである。

信長は、この問題を解消するために、寺社を焼き討ちにしたり、楽市楽座をつくったりしたのである。

そして信長以降、寺社の経済力というのは大きく減じることになる。

国の第三の勢力だった寺社は、信長以降は、普通の宗教施設に戻ったのである。

◆なぜ信長は征夷大将軍にならなかったのか？

信長は、その生涯で最後まで征夷大将軍にならなかった。

これは、戦国時代の大きな謎の一つになっている。

信長は、晩年、天下をほぼ手中にし、朝廷からの推任もあった。「信長は征夷大将軍になりたかったはず」という学説もあるが、信長が征夷大将軍になっていたという記録は残っていない。残された記録から見れば、信長は征夷大将軍ではなく、太政大臣になっていたのである。

鎌倉時代以来、武家の長は「征夷大将軍」になるのが慣例だった。

源頼朝から始まり、室町時代の足利家の長もみな、征夷大将軍になった。

「征夷大将軍＝武家政権の長」

というのは、日本史の公式のようになっている。その将軍職を信長は受けていないのだ。その一方で、朝廷の最高職である太政大臣の職を受けている。

なぜ信長は「武家の長」の肩書を断り、有名無実だった朝廷の最高職を選んだのか？

そこには、信長の壮大な「国家改革」「土地改革」のプランがあったのだ。


ところで「信長の最終的な官位は何だったのか？」ということについては、今も様々な学説がある。

記録の上では太政大臣説がもっとも有力である。信長は死後、太政大臣の官位を贈られたことが判明しているからだ。

信長は、本能寺の変の直前、朝廷との間で「太政大臣、関白、征夷大将軍」の三職のうち、どれかに就任するという話がもたれていた。

そして、記録ではどうやら太政大臣になったようなのだ。

信長の死後、朝廷から信長に太政大臣の贈官が行なわれたときの文書には、「重而太政大臣」という文言がある。これは、「重ねて太政大臣を与える」という意味であり、生前にも信長に太政大臣の官位が与えられていたことを意味する。

また本能寺の変の直後に、羽柴（豊臣）秀吉が毛利に送った書状の中に、信長のことを太政大臣を意味する「大相国」と表現している。つまり、秀吉も毛利も信長のことを「太政大臣」と認識していたわけだ。

これらの記録から見れば、信長が生前に太政大臣になっていたことはほぼ間違いないと思われる。

しかしなぜこれほど明確な記録があるのに、定説になっていないのかというと、異議を唱えた歴史学者がいるからである。当時の公家の勧修寺晴豊《かじゅうじはれとよ》の日記の中で、「信長は征夷大将軍になるのが良い」という意味の記述があり、それを根拠に「信長は征夷大将軍になってい た」と主張しているのだ。

しかし、この根拠は、太政大臣説の根拠に比べれば、いかにも弱い。勧修寺晴豊の日記の「征夷大将軍になるのが良い」という記述は、単に勧修寺晴豊の気持ちを述べたものであり、事実でも何でもない。

その一方で、信長の太政大臣説にはいくつもの重要な記録が残っている。

にもかかわらず「信長征夷大将軍説」は歴史学会の中ではけっこう幅を利かせている。

なぜ、証拠がほとんどない「信長が征夷大将軍になりたがっていた（なっていた）説」が幅を利かせているのかというと、おそらく歴史学者の間で「信長は武家なので武家の棟梁である征夷大将軍を望んだはず」という固定観念があるのだろう。

しかし、信長の国家や土地に対する考え方や、施策を丹念に見ていった場合、信長の太政大臣説は決して不自然ではないことがわかる。むしろ信長が征夷大将軍になるのを断ったと見る方が自然なのである。

これまでご紹介してきたように、鎌倉や室町の武家政権のシステムは、財政力、軍事力が小さく、様々な欠陥を抱えていた。

信長はその欠陥を的確に把握していた。

そして武家政権システムの問題点を修正するには、最終的には強力な中央集権政府をつくらなければならない、と信長は考えていた。それは幕府よりもむしろかつての朝廷に近いものだった。

つまり、ざっくりいえば信長は**「朝廷のような中央集権制度の復活」**を目指していたのである。朝廷を復活させ、自分がその中心に座る形で、中央集権制度を確立しようとしていたのである。

武家がなし崩しに獲得してきた各種の特権を廃止し、朝廷に財力や軍事力を集中させる。そうすれば、「中央政権の力が弱くて戦乱が続発する」という武家政権の弊害は解消されるからだ。

◯王政復古のための信長の大改革とは？

戦国武将たちは、「土地不足」という慢性的な問題を抱えていた。

戦争をして勝てば土地は増えるが、褒美として家臣に土地をやらなければならない。また周辺の豪族を味方につけるために土地を与えたり、敵方の武将を籠絡《ろうらく》させるために土地の安堵を約束するなどで、戦争に勝ってもそれほど土地は増えない。

しかも土地を与えても、もらった方の忠誠心が長く続くとは限らない。一度もらってしまえば、それはもう自分のモノなので、人の心理として、そう長い間忠誠心を持ち続けることはない。

となると、家臣に忠誠心を持たせ続けようと思えば、常に土地を与え続けなくてはならないことになる。

家臣に土地を与えると財源が減り、軍事力も低下する。必然的に他の武家が台頭し、政権が不安定になる。

室町時代というのは、そのジレンマが最大値になっていた時代だった。戦国時代が起こったのも、このジレンマが最大の要因である。

このジレンマを解消するためには、「武家社会の仕組み」そのものを解消しなければならない。


かつて日本の土地は、すべて朝廷の管理下にあった。それを代官たちや豪族が勝手に占拠してしまったことで、現在の武家社会ができたのだ。

そもそも、武家社会というのは、武家による土地の不法占有がその起因となっているのだ。

その不法状態を解消し、古来からの「中央政権が日本全国を統治する」という形に戻そう、それが信長の描いた国家プランだった。

信長は直轄領をほとんど持っていなかった

信長の土地に対する考え方がもっともよく現れているのが「直轄領」である。

実は信長は他の大名に比べて、直轄領が非常に少ない。というより、信長には、直轄領がほとんどなかった。

そういう戦国大名は信長だけである。

普通の戦国大名は、だいたい自分の領地のうち3割から5割くらいを直轄領として、大名家の様々な経費に充てる。そして、5割から7割を家臣に与えるのである。

もちろん、家臣のだれの所領よりも直轄領が大きい。そうしないと、大名家の威厳は保てないので、当たり前といえば当たり前である。

が、信長には直轄領がほとんど見当たらないのだ。

信長は、最盛時には四百万～五百万石の領地を有していたとされているが、そのほとんどは家臣の誰かに割り振られていた。

これはどういうことだろうか？

実は、信長が家臣に与えていた所領というのは、「与えていた」のではなく、「貸与していた」にすぎなかったのである。

信長から領地を与えられていた家臣たちというのは、平安時代までの「国司」に似た存在である。

家臣は所領を与えられても、信長の命令通りに治政をしなければならない。細かい行政面などは、自分の判断で行なったが、大枠は信長に決められており、何かあれば信長の指示が来てそれに従わなければならない。

家臣たちの、所領における独立性は非常に低いのだ。

信長の家臣たちは大きな所領を与えられても、それは他の大名家や、武家社会の価値観での「所領」ではないのである。

つまり信長には直轄領がなかったように見えるが、本当は「信長の所領のほとんどは直轄領のようなもの」だったのである。信長が所領を家臣に与えたというのは、「自分の領土の管理を任せた」というのにすぎないということである。

そして所領内の兵士や糧食は、信長の命令一つで動かせられる。

つまり家臣は、いつでも信長の命令に応えられるだけの兵、兵糧《ひょうろう》、物資などを準備しておかなくてはならないのだ。信長が、家臣の所領から、金銭、食料、軍需物資などを調達したという資料はいくらでもある。

たとえば、天正3（1575）年8月、信長が越前の一向一揆の鎮圧に向かった際、秀吉が城主となっていた小谷《おだに》城に泊まったが、城主である秀吉が将兵たち全員に食料を配ったことが、『信長公記』に記されている。つまり秀吉が徴収した年貢は、秀吉のものではなく織田軍全体のものだったのだ。

◎信長の家臣は平安時代の「国司」に似ていた

そして、信長の土地政策でもっとも着目すべきは、「国替え（転封《てんぽう》）」である。**信長は家臣に対して頻繁に「国替え」を行なった。**国替えというのは、一旦家臣に与えた所領を没収し、他の土地を与えるということである。

これは平安時代までの朝廷の「国司」と似た制度であり、鎌倉時代以降の武家政権での「管領」や「守護」とは異なるものだった。

信長の家臣たちは、朝廷時代の国司のように、一時的にその土地に赴任し管理を任される。そして、任期が終われば、その土地から離れる。つまりは、「一時的に土地を管理しているにすぎない」のだ。

信長の家臣団の中では、この「国替え」は普通に受け入れられていた。

柴田勝家《しばたかついえ》、羽柴秀吉、滝川一益《たきがわかずます》、佐々成政《さっさなりまさ》など、織田家の主な家臣たちは、皆、国替えを何度か経験している。織田家では、国替えは普通のこととも いえた。

たとえば比叡山の焼き討ち後、近江地域の治安を安定させるために、柴田勝家や羽柴秀吉などの家臣たちは、重点的にこの地域に所領を与えられた。

近江地域は、当時の日本経済の中心地でありながら、比叡山の影響が強く、治政に困難が予想されていた。そのため、柴田勝家、羽柴秀吉などの有能な家臣をここに配置したのである。

そして近江地域の治政が安定し、ひと段落つけば、すぐに家臣たちを別のもっと困難な地域に配置させた。

また国替えの際には、各武将たちの家臣も同行した。その家臣の中には、地域の土豪も多数含まれていた。土豪というのは、先祖代々、その地域に根付いて勢力を張っていたものである。そういう者たちも、主君の移動とともに他の地に移されたのだ。

つまり、地域に根を張っていた豪族といえども、信長の号令一つで、これまで所有していた土地を取り上げられ、他の土地に移されるということである。

信長の家臣団の中では、すでに武家システムは終焉し、朝廷時代のシステムに戻されていたのである。

しかし、この信長の土地政策をどうしても受け入れられなかった家臣がいた。

明智光秀である。

◎「武家は土地の一時的な管理者にすぎない」という思想

明智光秀について触れる前に、信長が、平安時代以前の土地システムに戻そうとしていたことのわかりやすい例を示したい。

天正8（1580）年、信長の家臣だった佐久間信盛《さくまのぶもり》とその嫡男の信栄《のぶひで》が、信長から追放されるという事件があった。

顚末《てんまつ》は次のようなものである。

佐久間信盛は、天正4（1576）に石山本願寺攻略の総司令官を任され、織田家で最大の軍勢を率いていた。にもかかわらず、攻略に手こずり、最終的には信長が朝廷の仲介を仰いでようやく終結した。

信長は、この失態に激怒し、十九条の折檻状《せっかんじょう》を出した後、佐久間親子を織田家から追放したということである。

この佐久間親子の追放は、武家社会のシステムを根底から否定する重大な要素が秘められていたのだ。

佐久間信盛は、柴田勝家や羽柴秀吉のように、もとから信長の家中の者だったわけではない。そもそもは尾張の土着の豪族であり、尾張で勢力を伸ばしつつあった信長につき従ったというものである。

つまり佐久間信盛は、信長の家来として採用されたのではなく、独立した豪族が信長勢力に加担しているということだったのだ。佐久間信盛の所領は、信長から与えられた部分もあるが、元から自分が持っていたものもある。

だから、当時の武家システムの常識からいえば、信長が佐久間信盛の所領を全部取り上げ、追放するというようなことはあり得ないのである。

佐久間信盛は、信長に反抗したり謀反《むほん》を起こしたわけではない。**ただただ「仕事で失敗した」というだけで、所領を全部取り上げられたのだ。**

これは信長が、「武家による土地の所有」を解消しようとしていた何よりの証拠だと考えられる。

「武家＝土地の所有者」

という関係を壊し、「武家は単に土地の管理を任せられた官僚にすぎない」という形にしようとしたのである。だから管理者として不適格であれば、いつでもクビにするということである。

信長はそのような姿勢を家臣たちに示したのだ。

◆明智光秀だけ特別扱いされていた

信長のこの「国替え」は、旧来の価値観を持つ武士にとっては耐え難いものだったはずだ。信長の生え抜きの家臣たちは、信長の方針を受け入れていた。一方信長は、他家からも有能な人材をどんどん要職に抜擢していたが、そのような「途中入社組」にとって、信長の土地政策はそう簡単に受け入れられるものではなかった。

一国を治めるというのは、かなり骨が折れるものである。特に、当時は戦国の世である。新しい土地に入り、その地域の豪族を抑え、領民を手なずけ治政を安定させるのは、並大抵のことではなかったはずだ。

信長の家臣で「途中入社組」の代表格は、明智光秀である。

光秀は、丹波、近江を与えられ、信長の家臣としては最初に大名（一万石以上の領主）となるなど、生え抜きの織田家家臣よりも優遇されていた。

そして光秀は丹波、近江の治政に心血を注いでいた。丹波の亀山（現亀岡市）では、善政の領主として慕われ、現在も光秀を弔う祭りが行なわれている。

彼がつくった坂本城は、フロイスの『日本史』によると、「安土城に次ぐ壮麗さ」だったという。また坂本城には「鯱瓦《しゃちがわら》」など、後年、日本の城には欠かせないものとなった試みも行なわれている。

それもこれも、光秀が丹波、近江を「我が領地」と思ってのことである。

信長も、光秀のそういう心境をある程度は、気づいていたと思われる。

だから織田家の重臣の中で、光秀だけにはなかなか国替えを命じていないのである。

信長の他の重臣のほとんどは、すでに国替えを経験していた。

たとえば柴田勝家は、越前国を与えられた際に、それまでの領国だった近江国蒲生郡《がもうぐん》を信長に接収されている。滝川一益、前田利家《まえだとしいえ》、佐々成政も、ごく普通に国替えを経験している。

羽柴秀吉の場合は、中国攻めの司令官になり、姫路城に居城を移したときに、それまでの所領だった北近江三郡を接収されていた可能性が高い。これは本能寺の変の直前のことであり、明確な記録は残っていないが、前後の状況を検討すると秀吉もこのときに国替えになっていたと考えられる。

織田家の有力武将のほとんどは、織田家の戦線が拡大するとともに、国替えをされているのだ。

が、なぜか明智光秀だけはなかなか国替えを命じられなかった。だから明智光秀は、本能寺の変のときにも最初に築いた近江の坂本城を最後まで居城としていたのである。

◆明智光秀の国替えと本能寺の変

本能寺の変の直前、信長が明智光秀に国替えを命じたという説がある。

これは『明智軍記』という江戸時代中期に書かれた書物に記されているもので、信長の使者が来て

「丹波、近江を収公する代わりに、これから攻め入る出雲、石見《いわみ》を与える」

と命じたという。

光秀はそれに怒りを覚え、謀反を決意したと『明智軍記』に記されている。

この『明智軍記』は、光秀の死後100年くらいに書かれたものなので、一次資料とはいい難い。が、それでもまだ死後100年ということは、現代の我々が知りえなかった事実が記されている可能性は大いにある。

また織田家の家臣の当時の状況から見ても、光秀にそろそろ国替えの命令が出てもおかしくないところである。

「丹波、近江の代わりに出雲、石見を与える」

ということは、そのままの事実ではないかもしれないが、それに近い事実があった可能性

は低くない。

もしそうであったとすれば、光秀にとっては我慢ならなかったということも想像に難くない。

またもし、光秀に国替えの命令が出ていなかったとしても、近いうちに必ず国替えの命令が出ていたはずである。そのことは、光秀にとって大きな憂いとなっていたはずである。

光秀が本能寺の変を起こした動機というのは、おそらく一つの理由ではなく、いくつかの要因が重なって生じたものと思われる。

しかしその理由の一つに、間違いなく信長の土地政策への反発があったはずだ。

第7章

なぜ秀吉の直轄領は家康よりも少なかったのか？

信長を引き継いだ秀吉の「国替え政策」

信長が斃《たお》れた後、ご存知のように天下取りを引き継いだのは豊臣秀吉だった。

秀吉は、基本的に信長の政策を踏襲している。

「太閤検地」「大坂城の築城」「大判小判の製造」など、秀吉の行なった政策の多くは、信長がすでに企画進行させていたものだった。

が、もちろん、秀吉は信長のすべてをコピーしたわけではなかった。

信長の失敗については、その轍《てつ》を踏まないようにしていた。その最たるものが、「直轄領」である。

前述したように、信長は自分の直轄領らしきものがなく、自分の領地のほとんどを家臣に任せていた。任せていたといっても、すべて与えたわけではなく、最終的な指揮監督権は信長にあった。しかも信長は、家臣の所領をいつでも配置換え（転封）することができた。それは、広大な領地を統治する上では合理的でもあったが、非常に危険を伴うものでもあった。

当時の武家は、与えられた所領は自分のモノという概念があったので、主君といえども自分の所領のことで指揮監督されるのは面白くない。しかも転封（国替え）などは絶対に受け付けないという武家も多かった。

「本能寺の変」も、この信長の土地政策が大きく関係していることは前述した通りである。

そのため秀吉は、自分の所領をすべて家臣に任せずに、自分の直轄領はしっかりと確保するようにしていたのである。

秀吉は、信長のように「直轄領を持たない」というところまでは思いきれなかったのだ。

秀吉はそれなりの広さの直轄領を持っていた。

大坂を中心とした関西地域一帯と、全国の要所要所に「蔵入地《くらいりち》」と呼ばれる秀吉直轄領を置いた。信長のように、「家臣に与えた領地はすべて一時的に貸し与えているにすぎない」ということを本気で実行することはできなかったのである。

だが、かといって、信長の土地政策を捨て去ったわけでもなかった。

基本的には、信長の土地政策も踏襲している。

たとえば秀吉は天正15（1587）年6月18日付で、次のような朱印状を発行している。

「武家たちに与えられた所領というのは、一時的なものである」（原文・其の国郡知行之儀、給人ニ下され候事は当座之儀ニ候）

そしてこの文書の通りに、秀吉も頻繁に家臣の国替えを命じている。

秀吉の政権時代に、国替えをされていないのは毛利家や東北、九州の遠隔地の大名の一部にすぎなかった。島津家などは本家の国替えこそされていないものの、島津家内部での家臣の国替えを指示されていた。

だが、秀吉は、信長が本能寺で斃れた状況もよく知っているので、それほど無茶な国替えは行なわなかった。国替えをする際は、ほとんどが加増になっていたのである。

それでも、国替えに抵抗する者もいた。

たとえば秀吉が九州を平定したとき、秀吉軍に与した宇都宮鎮房《うつのみやしげふさ》に、豊前の城井谷《きいだに》三万五千石から、伊予今治《いまばり》十二万石に転封の指示をした。

石高だけを見れば、3倍以上の大栄転である。しかし宇都宮鎮房は、鎌倉時代からの先祖伝来の地にこだわり、この転封を拒絶した。

秀吉は宇都宮鎮房を許さず、最終的に宇都宮鎮房は黒田官兵衛《くろだかんべえ》により謀殺され、父も殺害された。

また信長の二男である織田信雄《おだのぶかつ》は、家康が関東に国替えになった後の跡地への国替えを促されたが、これを拒否した。父の代から保持していた尾張、桑名を出たくないということだった。

秀吉は、この織田信雄に対しても「取り潰し」という厳しい処分を下している。

◆家康よりも少なかった秀吉の直轄領

豊臣秀吉というと、巨大な大坂城、豪華絢爛な聚楽第《じゅらくだい》など、「豪勢」「瀟洒《しょうしゃ》」というイメージがある。だから、豊臣政権の財力は相当に大きかったような印象を持たれがちである。

だが、実は豊臣政権は、あまり財政基盤が強くなかった。

というのも、何といっても直轄領が狭小なのである。

慶長3（1598）年の時点で、豊臣家の直轄領は二百二十二万石程度である。一方、徳川家康はこのとき二百五十万石近くを持っていた。家康の方が大きい版図を持っていたのである。

慶長3年とは、秀吉が死んだ年である。この年は、秀吉の財がもっとも大きかったときだと見られる。つまり、豊臣家の最盛期である。それでも領土は家康よりも狭かったのだ。

もちろん、大名の経済力というのは、領土の広さだけでは測れない。

秀吉は、全国の主な金山銀山を手中に収めていた。慶長3年、豊臣氏の蔵納目録によると、4399枚の金と、93365枚の銀が入っている。これは、石高になおすと約三百万石になる。

つまり、秀吉は、領地からの収入二百二十二万石と合わせて、五百二十二万石の収入があったのである。家康の倍以上の経済力があったということである。

また秀吉は、堺や博多など、日本の主な国際貿易港も押さえているし、京都、大坂という大商業地も直轄していた。それらの港、都市から上がる税収も相当なものだった。

だから、単純な資産額だけを見れば、秀吉の方が家康よりもはるかに大きかったということになる。

しかし当時の領地というのは、単なる資産額だけでは測れない潜在的な価値があった。

領地には、そこから取れる農産物だけではなく、人も付随している。広い領地を持つということは、そこに住んでいる人々をも、治めているということである。

それは軍事的な動員力となって現れる。

当時の兵の供給場所というのは、圧倒的に郷村《ごうそん》だった。また軍役なども、何石あたり何人という決め方をされていた。

たとえば、秀吉の小田原攻めや朝鮮の役のときには、百石あたり5人という基準があった。そして兵糧などを輸送する軍属も、農民から徴発されるのが常だった。

だから領地の広さは、軍の動員力と直結していた。当時の兵や軍属の動員は、主に農村から行なわれていたのである。

大坂の陣のころには、町中にいる浪人をかき集めて「傭兵《ようへい》」とするようなことも行なわれるようになっていたが、それは関ヶ原の戦い以降のことである。

関ヶ原の戦い以前では、兵の供給先は、ほとんどが郷村だったのである。

当時は、まだ現代のように貨幣経済が発達していなかったので、いくら金を持っていても、それだけで多くの兵を動員することは難しかったのだ。だから、豊臣家は兵の動員力では、家康に劣っていたと考えられる。

◆秀吉の兵動員力は家康の半分以下だった

しかも秀吉の直轄領は、その石高の少なさだけでなく、その場所や実態も、家康に比べると大きなハンディがあった。

秀吉の直轄領は、どこか一か所に固まって存在していたのではなく、全国各地に点在していた。この直轄領の「全国点在システム」は、「秀吉は直轄領を全国に点在させることで、諸大名に睨みを利かせた」というように評されることが多い。

確かにそういう面もあっただろう。しかし、それは一面的な見方である。

見方を変えれば、秀吉は「ひと固まりになった広大な領土」を持つことができず、「全国各地の諸大名の領土を少しずつ削って直轄領を増やすしかなかった」ともいえるのだ。

つまり秀吉は、他の大きな大名のように「ひとまとめに大きな国を領有すること」ができなかったのである。

これは統治や軍の動員などの面で、非常に不利だった。

豊臣家の直轄領は二百二十二万石あり、豊臣政権時代の軍役の基準から見れば、数値の上では10万人以上の兵を動員することができる。

しかし戦争では、「いかに大きな軍勢を素早く動員できるか」が勝敗のカギとなる。豊臣家の直轄領は全国に点在しているので、兵を集結させるためにはかなりの時間と手間がかかる。

また小さな直轄地からは、事実上、兵を動員することは難しかった。

豊臣家の直轄領で、十万石以上の領地は11か所しかなかった。しかも、この11か所についても、一つの国の直轄領を全部合わせて十万石以上あるというだけであり、十万石以上の領地が一か所に固まっているとは限らない。

また一万石以下の小領地が14か所もある。こうした小さい直轄領のほとんどは豊臣家から代官も置かれずに、隣接する大名が管理し、年貢米などの租税だけを納入していた。

そういう場所から、500人、1000人単位で兵を動員させることは不可能である。もし無理やり行なったとしても、そういう少人数で戦場にバラバラにやってきても、大した戦力にはならない。

真に豊臣家の直轄軍といえるものは、関西地域にまとまって存在する直轄領六十万〜七十万石の武士団くらいのものである。せいぜい多くても5万人程度だろう。

一方、家康の版図は二百五十万石であり、その領地は一つに固まっている。家康の指揮の下で、10万人以上は優に動員できる。その差は倍である。

もちろん秀吉恩顧の大名も多々いたので、彼らの動員力をすべて合わせれば、家康を大きく凌駕《りょうが》することはできる。

しかし、それは「秀吉恩顧大名が結束している」ということが前提条件となる。

つまり、秀吉恩顧の大名の結束が崩れ、豊臣家対徳川家康という構図になってしまえば、兵力で劣ってしまうのだ。そういう欠点を残したまま、秀吉は死去してしまったのである。

なぜ秀吉の直轄領は少なかったのか？

なぜ秀吉の直轄領は、これほどまでに少なかったのか？

前述したように戦国時代の大名たちは、深刻な「土地不足」に悩まされていた。

戦国の世では、一人でも多くの武家を味方につけるのが大事である。そのため戦国武将たちは、各地域の武家たちのそれまでの所領を安堵することはもちろん、さらなる褒美の約束などをして自陣営に引き入れようとした。

その褒美の約束を果たすためには、敵から多くの領地を切り取らなければならない。そのため、戦国武将は常に敵を滅ぼしたり、多くの領地を切り取ることを課せられていたのだ。

つまり、褒美として与えられるだけの土地をいつもストックしておかなければならないのだ。戦国大名が今の地位を維持するためには、常にさらなる領地を求めなくてはならない、ということである。自転車操業そのものである。

しかし、これが戦国時代末期となると、この自転車操業も難しくなってきたのだ。

土地というのは限りがあり、そうそう増やすことはできない。

また秀吉には、他の戦国武将にはない深刻な問題があった。

秀吉が天下獲りに乗り出したのは、「本能寺の変」で信長が斃《たお》れてからである。

秀吉はこのとき中国地方で毛利家と戦っていたが、すぐさま毛利家と和睦を結び、近畿へ急行した。そして、山崎合戦において明智光秀を討ち、天下獲りレースの最右翼に躍り出た。

が、この山崎合戦において、秀吉が率いた軍勢は、ほとんどが信長の家臣だった。毛利との戦のために「与力」という形で、一時的に秀吉の指揮下に置かれていただけである。

つまり秀吉は「山崎合戦」では同僚たちを指揮して戦ったのである。秀吉の直属の家臣というのは、ごく少数だったのだ。

信長の他の家臣たちから見れば、秀吉は同僚にすぎない。しかし秀吉はこの同僚たちをうまく丸め込んで、いつの間にか主従の関係にしていった。

秀吉は、仲間を上手に使って勢力を拡大した人物である。裸一貫から這い上がった秀吉は、自分を大きく見せるためには他人を利用するしかなかった。

これが他の戦国大名と大きく違うところである。

有力戦国大名のほとんどは、大名か豪族の家に生まれており、しかもその大半は嫡男だった。織田信長しかり、徳川家康しかり、武田信玄しかり、上杉謙信しかりである。つまり、有力戦国大名のほとんどは、生まれつきの「殿様」であり「お館様」だったのである。

素性がよくわからないまま有力戦国大名にまで上り詰めたのは、秀吉がほぼ唯一といえる（斎藤道三を有力戦国大名に数えれば、彼も入ることになるが）。

自分自身のバックボーンがまったくなかった秀吉は、自分の上司、同僚、部下、仲間をうまく引き入れなくてはならない。そのためには仲間に対して、過度な褒美を与え続けなくてはならなかった。秀吉は、かつての同僚たちに大盤振る舞いをすることで臣下の礼を取らせたのである。

秀吉は版図を広げるたびに、その拡大した領土の大半を部下（かつての同僚）たちに与えたのである。

秀吉は「大盤振る舞い」で天下統一をした

たとえば、四国征伐を見てみたい。

秀吉が天下を掌握しつつあった天正13（1585）年、四国では長宗我部元親《ちようそかべもとちか》が伊予、讃岐、土佐、阿波の四国全土を制覇しようとしていた。

秀吉は、長宗我部元親が強大な力を持つことを良しとせず、伊予と讃岐を返上するように迫った。しかし、長宗我部元親がそれを拒否したため、同年6月征伐軍を四国に派遣した。

この秀吉の四国征伐軍は、弟の秀長を総大将とし、秀長軍3万、甥の秀次《ひでつぐ》軍3万、宇喜多《うきた》秀家《ひでいえ》、蜂須賀正勝《はちすかまさかつ》、黒田官兵衛ら2万3000、毛利軍3万〜4万という総勢10万以上の大軍だった。この兵数を見れば、四国征伐軍の主力は秀長軍、秀次軍であり、それは「秀吉直属軍」だった。つまり、四国征伐というのは、秀吉の直属軍が中心になって行なわれたものなのである。

四国の覇者、長宗我部元親も、10万の秀吉軍には太刀打ちできず、8月には降伏した。これにより、長宗我部元親には、土佐一国だけが残され、伊予、讃岐、阿波の3か国は秀吉に取り上げられることになった。

では、伊予、讃岐、阿波は、どういう分配をされたのだろうか?

阿波は蜂須賀正勝の子の蜂須賀家政《いえまさ》に、讃岐は仙石秀久《せんごくひでひさ》に、伊予は小早川隆景《こばやかわたかかげ》に与えられたのである（それぞれ内訳については、さらに細かい分割がある）。

蜂須賀正勝は秀吉の昔からの盟友とはいえ、秀吉にとっては他人である。

また仙石秀久も秀吉の家臣ではあるが、これまた他人である。小早川隆景にいたっては毛利家の人間である。

この四国征伐において、主力となったのは先ほども述べたように、秀吉家の直属軍である。

にもかかわらず、秀吉は四国では領土を少ししか得ていないのだ。

九州征伐や、小田原攻め、奥州征伐などにも同様のことが見られる。

このような「大盤振る舞い」が、秀吉の特徴なのである。

大盤振る舞いすることにより、多くの武将たちが秀吉の元に集まってくる。そのため天下統一の事業は、加速度的なスピードで進んだ。

しかし、秀吉は天下を統一したにもかかわらず、直轄領はあまり多くないというジレンマを抱えることになったのだ。

家康の力を削ぐための関東転封

直轄領の少なかった秀吉は、どうにかして家康の力を削《そ》ぎたかった。

そのため、秀吉は、家康を関東に転封させることを思いつく。

小田原征伐の際、もっとも活躍したのは家康だったので、秀吉は家康に報償を与えなくてはならなかった。が、秀吉としては、家康がこれ以上、大きくなっては困る。

そのため、苦肉の策として、北条氏の旧領の大半を与える代わりに、現在の遠江、駿河地域から出ていかせるという「転封」を命じたのである。

一応、形の上では、百万石の大加増だった。家康は、これで百五十万石から一挙に二百五十万石を領有することになる。それは、秀吉の版図を超えるものだった。

しかし転封というのは、当時の武将たちにとっては大きな負担だった。

戦国時代当時の大名や武士は、土地と一体となっていた。

その土地土地の地侍や農民を手なずけることで、年貢を徴収したり、諸役を課したりすることができる。年貢の徴収方法や諸役などには様々な「ローカルルール」が存在し、治政は一筋縄ではいかないことが多かった。

また戦争の際には、地侍や農民から、兵士や軍役を動員しなくてはならない。徴税や兵役がスムーズに行なわれるためには、領民たちと長い時間をかけて信頼関係を築かなくてはならない。

しかし、国替え（転封）となると領民までは一緒に連れていけないので、彼らを手放さなくてはならない。せっかくこれまで築いてきた信頼関係が全部失われるのである。そして、新たな領土で、新たに領民との関係を一からつくらなければならないのだ。

つまり転封は大きな労力をともなうものだったのだ。

徳川家としても、転封は喜ばしいことではなかった。

百五十万石から二百五十万石へ大加増になるといっても、土地を移ることの大変さを考えれば、先祖伝来の地にいた方がマシだったのである。実際、この転封に関して、本多忠勝《ほんだただかつ》、榊原康政《さかきばらやすまさ》など重臣たちはこぞって反対したといわれている。

裏を返せば秀吉は、転封を命じることで家康を窮地に追い詰めようとしていたと見ることもできる。

家康の家臣たちが猛反対することは目に見えていた。

だから、「家康は、転封をすんなり受け入れることはないだろう」ということである。そして、家康が転封を断れば、それを口実に家康を征伐するというプランもあったのかもしれない。

もし家康が転封を受け入れたとしても、関東を統治できるようになるまでは、相当に苦労するはずだった。そもそも古来関東は、統治がしにくい場所として知られていた。豪族がひしめいている上に、各自の自立心が強かったのだ。平安時代には「東国の租税は、他の地の半分でいい」とさえいわれていた。つまり東国は徴税しにくいので、他の地域の半分でも徴税できればそれでOKとされてきたのだ。

また平安時代の末期には、関東の武士たちはまったく朝廷のいうことを聞かなくなった。そして、そういう武士たちによって鎌倉に武家政権がつくられたのだ。

秀吉としては、そういう場所に家康を配して、統治に苦労させようということだったはずだ。

「家康が関東を経営できるようになるまでには時間がかかる。その間に、秀頼が成長すれば、豊臣の天下は安泰である」

と考えたわけだ。

しかし、秀吉の案に反して、家康の転封は非常にスムーズに進んだ。

というのも関東八州では、小田原征伐が終了した時点で、主な豪族のほとんどが消滅していたからだ。

秀吉の北条征伐の際に、北条氏は配下の主な武将（豪族）のほとんどを小田原城に入れていた。武蔵の上杉氏、上田氏、上野《こうずけ》の由良氏、下総《しもうさ》の千葉氏、相馬氏、大須賀氏、常陸《ひたち》の岡見氏、土岐《とき》氏、下野《しもつけ》の那須氏、壬生《みぶ》氏、長尾氏など目ぼしい豪族のほとんどが、小田原城で籠城していた。

そのため北条氏が秀吉に降ったときに、豪族のほとんどは北条氏もろとも滅んでしまったのだ（『江戸と江戸城』鈴木理生著・新人物往来社）。

また当時の家康は、天下に聞こえた大武将であり、家康に歯向かうほどの力のある豪族は、ほとんど残っていなかったのである。家康とその家臣団は、地侍や農民との間でも、それほど大きなトラブルが起きることはなかった。

こうして家康は、まんまと天下人よりも広い大版図を手に入れたのである。

◎秀吉が征夷大将軍にならなかった理由

ところで秀吉もまた信長と同様に征夷大将軍にならず、関白という朝廷の重官職に就いている。

秀吉の場合は、明確に関白に就いた証拠があるので、この点では何も論争はない。

ただ、なぜ秀吉が関白に就いたのか、ということについては、論争がある。

「秀吉も本当は征夷大将軍になりたがっていたが、家柄の関係で征夷大将軍になれなかった。そこで仕方なく関白になった」

という説もある。

この説は、けっこう学術的に幅を利かせている。

しかし、この学説には大きな欠陥がある。というのも征夷大将軍と関白とを比べれば、朝廷の役職としては関白の方がはるかに格が上である。だから家柄が悪くて征夷大将軍になれなかった者が、関白になれるわけがないのだ。

「秀吉は家柄で征夷大将軍になれなかった説」も、おそらくその根底に「武家は皆、征夷大将軍を目指している」という固定観念があるものと思われる。

だが、何度か触れたように、「土地問題」を軸に見ていくと、信長や秀吉が征夷大将軍にならなかったことは不自然でもなんでもないのだ。

信長や秀吉は、武家が永久に土地を領有する「武家社会」を否定し、平安時代以前の「土地の管理を一時的に任せるだけ」という制度に戻そうと思っていた。

「武家はあくまで朝廷の命に従って土地を管理しているだけ、朝廷の命により、いつでも他の土地に移されたり、土地を取り上げられるようにする」

信長や秀吉はそう考えていたのだ。

そして「征夷大将軍」とは、そもそも東日本地域を平定する使命を持った官職である。政治をつかさどる官職ではない。

源頼朝がこの官職のまま幕府を開き、政権を担ったので、武家政権の長というイメージが定着したが、そもそも政権担当者の官職ではない。

つまり征夷大将軍という官職は、武家がなし崩し的に得てきた既得権益の象徴なのである。

だから武家の既得権益を壊そうとしていた信長や秀吉は、征夷大将軍になるわけにはいかなかった。朝廷から、本来の政治職の官職をもらう必要があったのだ。

本来、朝廷で政権を担当するのは太政大臣や関白なのである。

信長や秀吉は源頼朝以来の「武家政権」をつくるつもりはなく、武家がなし崩しに獲得してきた各種の特権を廃止し、朝廷による正規の政権をつくるつもりだったと思われる。

そうすれば土地問題も解決されるし、朝廷と幕府の二重構造問題も解決される。

秀吉の場合は、信長の失敗を見ているので、そうドラスティックに土地改革を急ぐことはなかった。が、秀吉の施策の中には、「いずれは武家の土地所有システムを解消させる」という意思がはっきりとくみ取れるのである。

◎「朝鮮の役」も土地問題が大きな要因

だが、秀吉はその生存中、土地問題の解決までには至らず、むしろ土地問題で苦しみ続けたといえる。

秀吉が行なった「朝鮮征伐」も、「土地問題」の解決策の一つだったと考えられる。

前述したように秀吉は領地を諸大名に惜しみなく与え、大盤振る舞いすることで、迅速な天下統一を可能にした。

しかし、秀吉としては、もうこれ以上、分け与える領地はない。今よりさらに直轄領を削ると、家康との差はさらに開いてしまう。

しかし、日本にはもう新たに獲得できる領地はない。

そのため、朝鮮、明を攻め取ろうということである。

明には日本の何十倍もの土地があることが知られていた。**朝鮮と明を手中に収めれば、土地問題など一気に解決してしまう**、ということである。

秀吉が朝鮮への侵攻計画を明らかにしたのは、天正13(1585)年のことである。関白に任官した直後のことであり、まだ九州平定も終わっていない時期である。

だから世にいう「朝鮮征伐」とは、朝鮮との関係がこじれて出兵しようとしたのではなく、朝鮮と交渉をする前から「出兵ありき」だったのだ。

この朝鮮への出兵は、そもそもは信長の発案だったとされている。

ルイス・フロイスの『日本史』には、信長が「毛利を平定して、日本六十六ヶ国を支配したら、一大艦隊を編成して明を武力で征服する。日本は我が子たちに分かち与える」と語っていたことが記されている。

つまり信長は天下統一した暁《あかつき》には、大陸に乗り出して明までを支配下に置こうと考えていたのだ。秀吉は、このアイディアを踏襲したのだ。

なぜ信長が明に乗り出そうと考えたのかは、史料が少なく決定的なことはわかっていない。謁見《えっけん》したフロイスや南蛮商人などから、「明や朝鮮の軍事力は大したことがない」というようなことを聞かされていたのかもしれない。

そして「土地不足」の解消策として、明への侵攻を考えたというのが、妥当なところだといえる。

その信長の明侵攻作戦を、秀吉はそのまま引き継いでしまったのだ。

しかし、この朝鮮への出兵が秀吉恩顧大名たちの亀裂を生み、豊臣家滅亡の大きな要因となってしまうのだ。

第8章

徳川家康は〝史上最大の資産家〟だった

信長、秀吉よりもはるかに莫大な資産を持っていた家康

話は若干、横道にそれるが、日本史上で〝最大の資産家〟は誰になるだろうか？

もちろん貨幣価値や土地の値段などは、時代によって大きく変わるので、正確な判定は難しい。が、大雑把に土地や資産などの所有関係を見たとき、もっとも財産を持っていた人物は、徳川家康だといえる。

まずは家康が、戦国武将としてどのくらい経済力があったのか、信長、秀吉と比較してみたい。

徳川家康というと、信長や秀吉に比べれば、経済的には地味なイメージがある。

諸大名や家臣に金の大判小判を振る舞った秀吉や、全国の茶器の名品を買い漁った信長の方が、金を持っている印象がある。

もちろん、信長や秀吉が健在の時点ではその当時の家康よりもはるかに資産を持っていたことは間違いない。家康は、まだ一地方の領主にすぎなかったからだ。

だが、彼らが死んだ後、家康がため込んだ資産というのは、我々の想像をはるかに超えるものなのである。

「領地」だけを比較しても、家康は他の二人を圧倒している。

前述したように豊臣秀吉は、直轄領は二百二十二万石しかなかった。秀吉の存命中に徳川家康はすでに二百五十万石を領しており、また「関ヶ原の戦い」「大坂の陣」の後には、四百万石を持つことになった。家康の圧勝である。

また信長と比べても同様である。信長の死の直前に、信長が勢力範囲としている地域は、だいたい四百万石くらいだった。しかし、この四百万石は家臣たちの所領も含めたところである。前述したように信長の場合は「直轄領」と「家臣領」の明確な線引きがなかった。所有関係で見るならば、「直轄領」と「家臣領」の間のようなものといえる。

家康の場合は、大坂の陣以降は、直轄領だけで四百万石あり、徳川家勢力全体では八百万石あった。

これも家康のほうがかなり分がいいといえるはずだ。

土地以外の資産を見た場合も、家康のほうがかなり大きい。

信長や秀吉は、勢力圏内の主な金山、銀山を直轄地にしていたため、金、銀を大量に入手したことが知られている。信長は金の貨幣のようなものをすでに製造していたと見られ、秀吉の場合は、金の大判小判を実際に製造していた。

が、家康は信長、秀吉の金銀政策をすべて踏襲し、しかも「全国統一の後」に全国の主な金山、銀山をすべて直轄地としたために、日本中の金銀を手中に収めることになったのである。信長も秀吉も、日本の主要鉱山のかなりの部分を押さえていたが、家康ほど包括的に押さえていたわけではない。

戦国時代から江戸時代前半は、良質な金銀の鉱山が相次いで開発された時期であり、日本でもっとも金が採れた時代でもあった。家康は、その大量の金をできるだけ、自家にため込んだ。

家康は、「大法馬金《だいほうまきん》」という金塊を大量に残していたことが知られている。

大法馬金というのは、幕府が蓄財していた金の分銅のことで、金の大判2000枚でつくられ一個あたり約300キロあった（150キロという説もあり）。

家康はこの大法馬金を大量につくらせ、江戸期前半の万治年間には１２６個もあったという。大判一枚の金の含有量はだいたい１６５グラムなので、純金にして約42トンということになる。

現在、日本銀行が保有している金が、８００トン前後である。

今から４００年前の戦国時代に42トンの金を保有していたというのは、相当の財力だったといえるだろう。

42トンの金は、現在の時価相場に換算しても約２０００億円である。当時は、世界の金の保有量が現在よりもはるかに少なかったので、相対的な金の価値は現代よりも高かったはずである。それを考慮して家康の資産額を現在価値に換算すると、想像もつかないような金額になるはずだ。

◆日本史上最大の資産家

次に戦国武将だけではなく、全時代を通じての歴史上の資産家と家康を比較してみよう。

日本史を通じて、主な資産家は、蘇我氏、藤原氏、平清盛あたりとなる。

大和朝廷時代は全国の土地を公有地にしたので、当時の天皇家も資産を持っていたように思われるかもしれないが、前述したように当時は公的な資産と天皇の資産は、明確に区分されていた。国自体（朝廷自体）はほぼ全国の土地を直轄していたが、それは「公地」とされており、天皇家の土地ではなかった。天皇の私資産は「官田」や「勅旨田」だけだった。そして「官田」や「勅旨田」はそれほど広くなかったのだ。

では家康以外の蘇我氏、藤原氏、平清盛らの資産を順にチェックしてみたい。

蘇我氏の所有していた「田荘」の明確な広さはわかっていない。が、奈良時代は、まだ東北や九州には蝦夷地と呼ばれる日本領ではない地域がかなり残っていた。また農地の開発も、まだそれほど進んでいなかった。それを考慮した場合、家康の四百万石には到底及ばないと考えられる。

次に藤原氏との比較である。藤原氏も日本各地の荘園を寄進され、日本全国に「領地」があった。が、藤原氏の最盛期においても、藤原氏の荘園よりも、寺社の荘園の方が広かった。また藤原氏の荘園は、実際の所有者は他にいるが、藤原氏の名義だけを借りているというケースも非常に多く、藤原氏には土地の収益のほんの一部が手数料的に入るだけだった。それを考えると、これも家康の四百万石には遠く及ばなかったものと考えられる。

最後に平清盛との比較である。

平清盛は、最盛期には日本全国の半分以上にあたる三十数か国を一族が知行したという記録がある。が、この知行というのは、まだ平安時代の朝廷システムの中の「国司」という官職を与えられただけである。国司は、その土地の徴税、行政を任されてはいるが、その土地を私有しているわけではなく、朝廷に対して納税などの義務を持っている。だから、この知行地は、平清盛の財産とまではいえない。

またこの三十数か国の知行地を持っていた時期というのは、平清盛がクーデターを起こし、後白河上皇を幽閉した後から平家滅亡までの一時期のことであり、ほんの数年程度のことである。安定して手中にしていたとは言い難い。

平清盛は、知行地のほかにも、全国に５００か所に及ぶ広大な荘園を持っていたとされ、また大規模な日宋貿易を行なうことによって巨万の富を得たとされている。が、平清盛が保有していた荘園の大半は、実際には豪族たちが管理しており、清盛自身が大きな収益を得ていたわけではなかった。

平清盛の荘園が、実質的にはそれほど広くなかったということは、兵の動員数を見ればわかる。領地というのは、兵の供給源でもあり、「本当に広い領地」を持っているならば、兵の動員数も多いはずだからだ。

源平合戦のときの兵の動員数は、せいぜい数万規模であり、多く見積もっても10万には達していない。

が、家康の場合、大坂の陣では徳川家だけで20万近くの兵を動員している。これを見ても、家康の方が実質的な領地は広かったといえるだろう。

また平清盛が日宋貿易で大儲けしていたのと同様に、家康も南蛮船との貿易を独占し、日本中の金銀の鉱山を直轄にしたことで莫大な財を築いた。平清盛の土地以外の資産がどれほどだったのか明確な数値は測りようがないが、家康の126個の大法馬金を見たとき、これもやはり、家康の方に分があるといえるだろう。

ちなみにこれほどの資産を持っていながら、家康は終生において倹約家だった。天下を獲ってからも、食事は麦飯などの粗食を好み、冬でも足袋を履かず、親族や家臣の浪費を戒めたという。

また126個の「大法馬金」には「行軍守城用勿作尋常費」（戦費以外に用いるな、という意味）」の文字が鋳込まれていた。**つまり家康は、自分の死後、徳川家を脅かす戦争が起きたときのために、この「大法馬金」を準備していたのである。**

しかし、やはり江戸時代の太平が続く中で、家康の子孫たちも気が緩んだと見え、大きな戦争も起こっていないのに、大法馬金はどんどん減っていった。

天保年間には26個になり、慶応年間にはわずか1個に激減していた。

せっかく、家康が軍資金のために用意していた大法馬金だが、徳川家存亡の危機の幕末にはほとんど消滅していたのである。が、最後の1個は、江戸城開城のときに勝海舟に持ち出され、徳川家の再興のために使われたのである。

逆にいえば、家康の残した財力によって、江戸時代が２５０年以上も続いたともいえるのだ。

◎家康は棚からボタモチで巨額の富を築いた

家康のこの史上最大ともいえる富はどうやって築いたのか？

「鳴かぬなら鳴くまで待とうホトトギス」にもあるように、「家康は待ち続けることで天下を獲った」といわれることが多い。

確かに家康は「忍耐強く待つこと」において、常人ではない力を持っていた。いつ来るともしれないチャンスを何十年も待ち続けた。

しかし、家康の凄いところは「待つこと」だけではない。「ここぞ」というときには、盗賊のようになりふりかまわぬ姿勢で、一《いっ》気《き》呵成《かせい》に攻め立てるのである。家康は、何十年に一回しか来ないようなチャンスのときに、これ以上ないというようなドンピシャリの形で、モノにし続けたのである。

家康は、信長や秀吉に比べれば地味な存在である。

信長や秀吉は、天下獲りに乗り出すために劇的な戦いをいくつも行なってきた。信長でいえば、「桶狭間の戦い」に始まり、「姉川の合戦」「長篠《ながしの》の合戦」など、大きく飛躍する戦いが何度もある。秀吉にも「山崎の合戦」「賤ケ岳《しずがたけ》の戦い」など、後世に語り継がれる戦いを幾度も行なってきた。

家康には、そういう劇的な戦いがほとんどない。

家康の合戦というと、「関ヶ原の戦い」や冬夏の「大坂の陣」くらいしか思い浮かばない人が多いのではないだろうか？

「関ヶ原の戦い」や冬夏の「大坂の陣」は、家康がすでに最有力大名に昇りつめ、天下獲りに王手をかけた戦いである。それに至る前での「大出世した合戦」が、家康にはほとんど見当たらないのだ。

それもそのはずである。

家康は、自分から能動的に合戦を行なうことはほとんどなかった。**家康は、他家同士の大**

きな戦いが終わった後に、敗れた勢力を食いつぶすことで、勢力を急拡大してきたのである。

いってみれば「棚からボタモチ」もしくはハイエナのようなやり方で、出世してきたのだ。

しかし、これは実は非常に経済効率がいい戦いであった。

敵が強いときにこれを破ろうとすると、大きな出費を強《し》いられる。

味方を増やしたり、家臣に大きな働きをさせるためには、それなりの対価が必要となってくる。信長や秀吉は、この大きな対価を支払っていた。自分の勢力を拡大するために、敵方から寝返った武将たちの所領を安堵したり、有能な武将を引きぬくために、大きな褒賞を与えたりした。

しかし家康は、無理に版図を拡大せずに、敵の大将が倒れたりして、権力の空白が生じたときに一気呵成に攻めたてたのだ。

敵が弱っているときにこれを叩けば、あまり費用を掛けずに領土を拡張できる。味方の損害も少ない。いいことずくめである。

「桶狭間の戦い」「本能寺の変」で焼け太り

家康が、関ヶ原の戦い以前で大きく飛躍した戦いが三つある。いずれもハイエナ方式の戦いである。

一つ目は、「桶狭間の戦い」、二つ目は「本能寺の変」、三つ目は「小田原征伐」である。

桶狭間の戦いの当時、家康は、今川方の人質として、今川軍に従軍していた。そして、敵勢力内での兵糧の搬入という危険な業務に従事させられていた。

そんな中、今川家の当主の今川義元が、信長に討ち取られてしまう。

もちろん、今川家は大混乱した。その混乱に紛れて、家康は人質状態から抜け出し、今川から独立したのだ。

そして今川の影響力が弱まった三河国を平定し、今川を討った信長と同盟を結んだ。弱っている今川を踏みつけにして飛躍したのである。

そして次が「本能寺の変」である。

「本能寺の変」の直前、家康は信長に招かれ、少人数の家臣のみで堺見物をしていた。そんな中で、信長が本能寺で明智光秀に襲撃され自害してしまう。家康は光秀の支配下の近畿圏から命からがら脱出し、国元に帰った。

もちろん織田領内では大きな混乱が起きていた。

特に、甲斐《かい》、信濃《しなの》などの旧武田領は、わずか3か月前に武田家の滅亡によって織田家に領有されたばかりである。それまで信長と協調の姿勢を取っていた北条氏は大軍で侵攻の構えを見せ、織田軍の現地司令官だった滝川一益などは命からがら近畿に逃げ延びる。

それに乗じる形で、家康も甲斐、信濃に侵攻するのである。

家康は織田領だった甲斐をすぐに併合しようとし、河尻秀隆《かわじりひでたか》に甲斐を明け渡すように使者を送った。河尻秀隆はこれに激怒し、使者だった本多《ほんだ》信俊《のぶとし》を殺すが、河尻も蜂起した武田の遺臣に殺害された。

それを機に家康は甲斐に侵攻する。

このあたりを見ると、家康が決して律義者などではないことがわかるはずだ。信長の生存中は、家康は信長の忠実な同盟者だった。というより、家康は信長に対して臣従に近い形を取っていた。**しかし、信長が死んだ途端に、その領地に侵攻しているのだ。**

その後、家康は、北条氏政《ほうじょううじまさ》と一時は鋭く対立する。が、やがて協調し、旧織田領のうち、甲斐、信濃を家康が、上野を北条氏政が支配するということになった。

これで、家康は、五か国の領主となったのだ。

「本能寺の変」の後では、秀吉の飛躍ばかりが取り沙汰されるが、家康も大きく飛躍しているのだ。むしろ、家康の飛躍の方が大きかったかもしれない。

◆「小田原征伐」で日本最大の大名になる

そして、家康を飛躍させた三つ目の戦いが小田原征伐である。

小田原征伐というのは、秀吉がほぼ全国統一を成し遂げていたにもかかわらず、未だに戦闘をやめない北条氏を、秀吉が力ずくで征伐した戦いである。

この小田原征伐において、秀吉は20万もの大軍を動員し、わずか80日で巨大な付け城「石《いし》垣山《がきやま》城」をつくるなど、破格のスケールで北条方を圧倒した。

この小田原征伐では、家康は主力として八面六臂《はちめんろっぴ》の働きをした。

秀吉軍は、20万の人員を頼み、小田原城を二重三重に包囲して閉じ込め、孤立した周辺の支城を落とす作戦を立てた。

家康軍は、この「周辺の支城を落とす」際に存分に力を発揮した。北条軍の主力は小田原城に詰めているので、支城の兵は少数だった。これを落とすのに、労力はいらない。

『房総治乱記』ではこのときのことを次のように述べている。

「家康公の御威光の前には、一日中五十の城落とさる」

これを見ても家康が前面に立って、城攻めをしていたことがうかがえる。一日で五十の城を落とした、というのは大げさだとしても、支城の多くが家康の軍勢とその威光によって落ちたことは間違いない。

この小田原征伐において、もっとも功績があったのは、間違いなく家康だった。そのため秀吉は仕方なく「転封」という形で、旧北条の領地二百五十万石を家康に与えたのである。

この小田原征伐でも家康の「火事場泥棒主義」は健在だった。そもそも家康は、小田原の北条氏と同盟を結んでいた。そして秀吉が北条氏を征伐しようとしたとき、最初は家康が両者を仲介して和平させようと試みた。が、北条氏にその気がないと見るや、あっさり北条氏を裏切り、秀吉軍の主力として北条領内を食い荒らしたのだ。

このように、家康は「棚からボタモチ」「火事場泥棒」によって、二百五十万石の日本最大の大名に昇り詰めたのだ。

もちろん、これは家康の驚異的な「忍耐強さ」と「機を見るに敏」の特質がなしたものである。

「関ヶ原の戦い」は史上もっとも経済効率のいい戦い

家康のハイエナ的な戦いの集大成ともいえるのが、「関ヶ原の戦い」だった。

この関ヶ原の戦いというのも、家康にとっては非常に経済効率のいい戦いだったのである。というのも関ヶ原で敗れた西軍から没収した石高は、六百三十万石にも上るのだ。つまりは、わずか数時間の戦い（前哨戦を入れても1か月足らず）で六百三十万石もの褒賞を得たようなものである。

これほど、経済効率のいい戦争は、戦国時代を通じてなかったといえる。

そして、この褒賞の多くを分捕ったのは、家康なのである。

家康自身への加増と、身内への加増だけで三百万石を超えていた。そして、家康はこの戦いにより、全国の主要な金山、銀山や、堺などの主要港を手に入れた。

関ヶ原の戦いでは、秀吉恩顧の大名たちも多く家康陣営（東軍）に加わったが、彼らに与えられたのは合計でも二百万石程度だったのである。しかも、彼らの多くは近畿周辺から、中国、九州、四国などへ転封させられたため、実質的には加増ではなく、現状維持か減石といえた。

しかも、この関ヶ原の戦いも、そもそもは豊臣家の内部分裂が発端になっているものである。

家康は、豊臣系大名たちの深刻な亀裂をうまく利用し、戦争にまで発展させ、最終的な果実のほとんどを自分が持っていったのである。

東軍（家康側）に参加した諸将は、家康のために戦おうとしたのではなく、西軍の石田三成などを懲《こ》らしめるために戦った。

しかし結果的には、家康が広大な領地を得て、天下を手中にすることになった。

そして、西軍が没収された六百三十万石にも、カラクリがある。

没収された石高が多い大名を順に並べると、１位は豊臣秀頼で二百二十二万石から百五十六万石も削られて、六十六万石になっている。２位は毛利輝元で百二十万石から九十万石以上削られ二十九万八千石になっている。

この両者はいずれも、関ヶ原に直接参加しているわけではない。豊臣秀頼などは西軍に入っていないにもかかわらず、家康から難癖をつけられて、全国の豊臣の蔵入地などを奪われ、大きく減封されてしまった。

毛利輝元も、表向きは西軍の総大将だったものの関ヶ原の戦いには参加しなかった。一説には、家臣が家康と内通しており所領安堵を条件に、参戦しなかったという。

しかし、家康はその約束を反古《ほご》にして、大幅に減封したのである。

関ヶ原前の石高では、徳川家康が１位で、２位が豊臣秀頼、３位が毛利輝元である。つまり関ヶ原の戦いにより、2位、3位の大名の石高が大きく削られたということになる。徳川家康にとっての強敵の上位者が、大きく力を損なわれたのである。

関ヶ原以前の石高では、1位の家康二百五十万石と2位の秀頼二百二十二万石は均衡しており、秀頼が誰か強い大名を味方につければ簡単に家康を凌駕することができた。

しかし関ヶ原以降では、1位の家康は四百万石で、2位の前田利家は百二十万石。1位と2位にはダブルスコア以上の差がある。

だから、2位の前田利家は強い大名を5～6名味方につけなければ、家康に対抗することができなくなった。

また家臣も含めた徳川一族の版図は八百万石であり、当時の日本の領土の25％に達していた。これは、鎌倉、室町、豊臣に比べて圧倒的に大きい数字だといえる。つまり、徳川幕府というのは、鎌倉、室町、豊臣に比べて、はるかに財政基盤の強い政権だったのだ。

この圧倒的、軍事的、経済的優位により、江戸時代は２５０年以上も続いたのである。

武家政権で最大の直轄領

家康は、天下を手中にしたとき、それまで講じられてきた信長や秀吉の政策をかなりの部分引き継いでいる。

だが、信長や秀吉と大きく違う点がある。

それは、土地政策である。

前述したように、信長や秀吉は「家臣に多くの所領の行政を任せるが、領有権までは渡さない」という姿勢を取っていた。

結局それが、様々な統治上の無理を生み、政権が長続きしなかったのである。

一方、家康は、信長や秀吉が描いていた「中央政府による土地の一括管理」という目標は、まったく持たなかった。そういうことをすれば、諸侯が反発するのは目に見えている。

その代わり、家康は、自分の直轄領をできるだけ広くした。

前述したように、関ヶ原の戦いという効率的な戦争により、徳川家には一族全体で八百万石という広大な版図が転がり込んできた。

家康は、この広大な版図を出来るだけ削らずに、自家の直轄領として残したのである。

それも特別な方法を用いたわけではない。

「なるべく家臣に領地を与えない」

というもっとも原始的な方法で、広大な直轄領を確保したのだ。

そもそも家康が、関ヶ原以前から家臣に与えてきた所領は驚くほど少ない。関ヶ原の戦いまでは、家康の家臣の中で、十万石以上を与えられた家臣はたった3人だった。その3人とは、井伊直政、榊原康政、本多忠勝である。「家康の懐刀《ふところがたな》」と呼ばれた本多正信《ほんだまさのぶ》には、関ヶ原以前には一万石しか与えていなかった（関ヶ原後に二万二千石になる）。

関ヶ原の後でさえ、徳川の家臣たちは決して多くを与えられなかった。

家康は関ヶ原の後、直轄領だけで四百万石の大阪図を手にするが、譜代大名の筆頭である井伊家に与えられた所領は、わずか三十万石である。

単純な比較は難しいが、豊臣秀吉は元の同僚だった前田利家に百万石近くを与え、子飼いの家臣たち、加藤清正、福島正則《ふくしままさのり》、石田三成に次々に二十万石前後の領地を与えており、家康とは真逆ともいえる。

これは、家康の性格によるものもあるだろうが、徳川家の強みでもあった。

家康には徳川家代々の家臣が多くいた。彼らは、それほど大きな褒賞を与えられなくても、家康から離れることはない。今川、織田に挟まれて瀕死だった松平家を知っている家臣たちは、わずかでも所領が増えれば、それで御《おん》の字だったのである。

裸一貫でたたき上げ、代々の家臣など一人もいなかった秀吉とは大きく違う。

また家康は、前述したように無理に版図を広げずに、敵が弱まったときに一気に侵攻をかけた。そのため、家臣に対する褒賞や、敵から寝返った武将への代償なども、それほど多くなくて済んだのである。

そして、この広大な直轄領が、結果として250年以上に及ぶ、「江戸時代の平和」につながったのだ。

家康に天下を獲らせた100枚の黄金

家康は、「ケチと忍耐」で天下を獲ったということを述べてきたが、さすがに天下を獲るような人物であり、いつもいつもケチだったわけではない。出すべきときには、常人以上に出すこともあった。

それが家康に天下を獲らせた要因でもある。

そういうエピソードを一つ紹介したい。

関ヶ原の戦いの大きなきっかけとして「石田三成襲撃事件」というものがある。

秀吉の死後、秀吉恩顧の大名たちは、石田三成らの官僚系と、福島正則、加藤清正などの武断系の間で溝が深まっていた。そして大老の筆頭、前田利家の取りなしにより、どうにか両者の決裂は避けられていた。

しかし慶長4（1599）年閏《うるう》3月、前田利家が死去すると、その直後に、加藤清正、福島正則、細川忠興《ほそかわただおき》、浅野幸長《あさのよしなが》、黒田長政、蜂須賀家政、藤堂高虎《とうどうたかとら》の7人が、加藤清正の屋敷に兵を率いて集合し、石田三成の大坂屋敷を襲撃したのである。

石田三成は、この襲撃を事前に察知し伏見屋敷に逃れた。家康のとりなしにより7人は矛《ほこ》を収め、石田三成は徳川家の護衛により佐和山城に帰還した。

この事件により、石田三成は豊臣家奉行の職を辞し、失脚することになった。

石田三成の挙兵の直接のきっかけとなる重要な出来事である。

この「石田三成襲撃事件」の実質的な首謀者とされているのが、細川忠興である。細川忠興は豊臣家の家臣の中ではもっとも古い人物の一人であり、いわば豊臣家の生え抜きのメンバーの一人である。

また細川家は、もともとは、足利将軍の家臣であり各地の守護大名を務めた名家でもある。

秀吉亡きあとの秀吉家臣団の中では、非常に重要な人物だった。細川忠興が、秀吉家臣団の武闘派の実質的なリーダーだったといっていい。石田三成も、細川忠興のことを襲撃事件の首謀者だとして糾弾《きゅうだん》している。

実はこの細川忠興は秀吉の存命中から、家康に対して非常な恩義があった。

関ヶ原の戦いの5年前のことである。

当時、豊臣家の家中は、豊臣秀次切腹事件で揺れていた。

豊臣秀次とは秀吉の甥（姉の長男）であり、秀吉の身内として取り立てられていた。子供のいなかった秀吉の後継者に指名され、朝鮮出兵の直前の文禄元（1592）年には、秀吉から関白職も譲られていた。

だが、その直後に秀吉に嫡男の秀頼が誕生し、状況が一変した。

秀次は謀反の疑いをかけられ、高野山に蟄居《ちっきょ》させられた上、切腹を命じられ、さらし首にされた。しかも、この秀次切腹事件はこれだけでは収まらなかった。秀次と関係の深い大名や家臣たちも、追及されることになったのだ。

そして細川忠興は、豊臣秀次と深い関係にあった。具体的にいうと、細川忠興が豊臣秀次から黄金100枚を借用していたのだ。豊臣秀次は、多額の金銀を諸大名たちに貸しており、細川忠興もその大名の一人だった。

この時期、秀吉サイドでは、秀次に関係の深い者たちの摘発に躍起になっていた。

そして、秀次から黄金100枚を借り受けていたとして、細川忠興もやり玉に挙げられた。

秀吉は、異常なまでに秀次関係者の粛正にこだわっていた。秀吉サイドからは、細川忠興も切腹を示唆されていた。

が、秀吉も冷静さを取り戻したのか、細川忠興に切腹は命じず、改易などの処分も下さなかった。その代わり、秀次から借りていた黄金１００枚を、すぐに秀吉に返すように求められた。

細川忠興としては、九死に一生を得たものの、この黄金１００枚の返還というのが、大変だった。この当時の黄金１００枚は、ざっくり計算すると米四万〜五万石分となる。このような大金が簡単に用意できるものではない。

しかも、この当時はまだ金銀が通貨として流通し始めたばかりのころである。大商人でも、そう簡単には金銀が手に入るものではなかった。おそらく、当時、すぐに黄金１００枚を用意できるのは、日本で数名しかいなかっただろう。

細川忠興は、当初、同僚である前田利家や浅野長政に借用の打診をした。

しかし、どちらからも無理だと断られた。

細川忠興は、藁《わら》にもすがる思いで家康に打診した。

当時、家康はすでに江戸に金座《きんざ》をつくり小判の鋳造を開始していた。そのため、黄金の所有も少なからずあったのだ。

細川忠興は、最初は黄金50枚を家康に借り、残りの50枚はどうにかして別で調達しようと考えていた。**しかし家康は、細川忠興の窮状を慮《おもんぱか》って、黙って黄金１００枚を貸してく**

れたのである。もちろん、細川忠興が感激しないわけはない。おそらく命の恩人のように思ったはずだ。

当時の黄金１００枚というと、家康といえども決して少ないお金ではなかったはずだ。それを何の保証も取らずに、さっと差し出せるというところに、家康が天下を獲れた理由があるようにも思われる。

実際、細川忠興は、徳川家康の天下獲りのために、重要な役割を果たすことになる。

冒頭で述べたように、秀吉恩顧の大名たちの分裂を決定的にした「石田三成襲撃」を企てて実行したのである。

それが関ヶ原への大きな布石となり、ひいては家康の天下へと結びつくのだ。

第9章

意外に公平だった江戸時代

江戸幕府の領地の広さが250年の平和をもたらした

江戸時代は、世界史的に見て稀有な時代である。

250年以上もの間、内乱らしい内乱が起きず、また国王（徳川家）の財政状況もそれほど逼迫《ひっぱく》しなかった。

たとえば中世から近世にかけてのヨーロッパの国々などは、戦争や内乱ばかり起きていた上に、国王が借金で首が回らなくなり、デフォルト（債務不履行）を起こすことも多々あった。スペイン、フランス、イギリスなど、主要なヨーロッパ諸国のほとんどはそのような歴史を持っている。

中世ヨーロッパに限らず、世界史ではほとんどの王政国家が平和で安定的に長く続くことは稀である。

だが、徳川将軍はそういうことにはならなかった。

それは、やはり徳川家の圧倒的な財政力によるものが大きかったといえる。

前述したように、江戸幕府は、約四百万石の直轄領を有していた。親藩（徳川家一門）の領地を含めると八百万石近くもあった。これは、当時の日本の領土の25％に達していた。鎌倉幕府、室町幕府、豊臣政権などのほかの武家政権に比べて圧倒的に大きい数字だといえる。

江戸時代の最大の大名は、加賀藩の前田家だが、それでも百二十万石にすぎない。幕府勢力は、その4～5倍の規模があったのである。

また当時の領地の広さというのは、兵の動員数に反映される。領地が広い方がより多くの兵を動員できる。そのため徳川幕府に、諸藩はそうそう歯向かえるものではない。この圧倒的な領地の差は、ちょっとやそっとのことでは跳ね返せなかったのだ。

前述したように、信長や秀吉は、武家政権の財政基盤の弱点を朝廷制度に戻すことで解決しようと試みていた。しかし家康の場合は、徳川幕府の財政力を強力に高めることで、武家政権の弱点を克服したのである。

また江戸幕府は、**全国の主な鉱山を直轄地にし、貨幣の鋳造権を原則として独占した。**そのため、幕府は領地の広さ以上の経済力を持っていた。

いわば中央銀行の役目も持っていたのだ。この貨幣の鋳造は幕府に大きな利益をもたらしていた。

貨幣鋳造は江戸幕府だけが独占していた。諸藩も貨幣を鋳造することはできたが、幕府の許可が必要であり、しかも諸藩のつくった貨幣は藩内だけでしか通用させることができなかった。

全国で使用される貨幣は、あくまでも幕府の鋳造したものだけだったのだ。

だから幕府は貨幣の価値を自ら決定することもできた。

以前よりも金属の品位を落とした貨幣をつくり、その差額で収益を得るというようなこともしばしば行なわれていた。

たとえば天保6（1835）年につくられた「天保通宝」は、1枚で一文銭100枚分（100文）の価値という設定の銅貨だった。しかし実際の銅の分量は、一文銭4枚程度しかなかった。つまり四文が百文に化けたのである。

貨幣の改鋳は、元禄8（1695）年以来、たびたび行なわれた。江戸時代後期には、財政再建の常套手段《じょうとうしゅだん》となった。

幕末の代表的な貨幣改鋳は「万延二分金《まんえんにぶきん》」である。

江戸時代、貨幣制度は、金の小判を貨幣価値の基準に置いた「半金本位制」となっていた（厳密な意味での「金本位制」ではない）。

金の小判1枚を一両とし、それを四つに分けたものが一分となる。なので、二分金は、一両の半分の値打ちがある。

「万延二分金」はこの二分金の貨幣を大幅に改鋳したもので、万延元年（1860年）から鋳造が開始された。

この万延二分金は、含有成分は金が約2割、銀が約8割で、金とは名ばかりの金貨だった。それ以前の二分金と比較しても、金が約60％程度しか含まれていない。つまり、差額の40％分は、幕府の差益になるということだった。しかもこの万延二分金は五千三百二十万両も発行され、二分金としては江戸時代を通じて最多の発行額だった。

幕府の勘定奉行小栗上野介《おぐりこうずけのすけ》は、この万延二分金の改鋳による差益で、1865年に横須賀製鉄所を建設したといわれている。

◯意外に豊かだった農民の生活

戦後教育では、「江戸時代は武士階級が農民から搾取し、農民は非常に苦しい生活を強いられていた」と教えられてきた。が、実際はそれほどではなかったことが近年の研究で明らかになっている。

現実的に考えても、農民が虐げられていれば、こんなに江戸時代が長く続くはずはないのだ。古今東西の国でいえることだが、多くの民を苦しめる政治というのは、それほど長くは続かないのである。

農民の暮らしがそれほど苦しいものではなかったということは、まず年貢の割合から見ることができる。

江戸時代の年貢は、名目上の税率は五公五民などといわれてきたが、**現実の収穫量などを検討すると三公七民くらいだったようである。**江戸時代の初期には、インフラ整備の費用がかかったので、四公六民くらいだったが、それが一通り終わると、三公七民くらいに落ち着いたようなのだ。また、インフラ整備のときに多めに取られていた年貢も、その多くは人夫として雇われた農民などに支払われたのである。

しかも江戸時代は、どこの農村にも「隠し田」といわれる、簿外の田があった。この隠し田には、年貢はかからなかった。役人たちも隠し田の存在はある程度知っていたが、多くの場合、見ぬフリをしていた。

かの二宮尊徳も、年貢の課せられていないあぜ道などに作物を植えて、稼ぎの足しにしていたという。

明治時代になって地租改正のために全国の農地が計測された。江戸時代の記録では日本全国の収穫量は三千二百二十二万石となっていたが、実は四千六百八十四万石もあったことがわかった。実際の石高は、名目の1・5倍もあったわけだ。つまり「隠し田」が相当あったようなのである。

また江戸時代には、一部の富農への農地の集積もそれほど生じていなかった。江戸時代末期でも、小作地は全農地の30%程度にすぎなかったのだ。「生活が苦しく農地を質に入れて手放してしまう」というような農民はそれほど多くはなかったということである。

農民の生活がそれほど苦しくなかったということは、江戸時代に伊勢神宮を参拝するお伊勢参りなどが大ブームになったことからも推測できる。宝永2（1705）年のブームのときには、400万人近くが伊勢神宮に訪れたとされる。これは当時の日本の人口の1割を優に超えるものである。

このお伊勢参りには、農民も多数行っていた。伊勢神宮から「御師《おし》」が日本各地に派遣され、農民たちのお伊勢参りの世話をしていた。御師というのは伊勢神宮のセールスマン的な者のことで、伊勢神宮がつくった「伊勢暦《ごよみ》」などを農村に配布するなどして、農民のお伊勢参りを促していた。そして、この御師はお伊勢参りの際の宿の手配などもしていた。

また農閑期に農民が近くの温泉地に湯治に出かけることも、普通に行なわれていた。これは「泥落とし」などと呼ばれ、2週間程度滞在するのが常だった。

つまり、江戸時代の農民はお伊勢参りに行ったり、年に一度温泉で長逗留するようなことを普通に行なっていたのだ。

農民の耕作地を定期的に交換した「割地」とは？

また江戸時代の農民同士も意外に平等だった。

その証左として「割地《わりち》」というものがあげられる。

割地というのは村落内の農民が、耕作する農地を定期的に交換するという制度である。

農地というのは、その位置関係によって収穫量に大きな差が出る。日光の差し具合や水利によっても違ってくるし、それぞれの土地に含まれる養分でも違ってくる。

同じ村落の同程度の広さの農地でも、収穫量の多寡がかなり違ってくることも多い。

そのため公平を期するために、村落内の農民が、一定の年限で耕作地を順番に入れ替えるというのが「割地」という制度である。

この「割地」という制度は、一部の地域のみに見られるものではなく、九州から東北まで日本全土で見られる。また藩が強制的に行なっているケースもあれば、村落民が自発的に行なっているケースもあった。

これを見ると、**江戸時代の農民には土地の「所有権」「耕作権」の概念は薄く、「村落の土地は農民全体の共有財産」というような意識があったことがわかる。**

確かに村落の農民たちは、運命共同体のような面があった。水利関係の管理を共同で行なわなければならないし、台風などの災害対策も共同で行なわなければならない。だから、お互い公平に協力し合うために、割地の慣行などがあったのだ。

◎なぜ江戸時代の農村では「大地主」が生まれなかったのか

江戸時代には、原則として農地の売買は禁止されていた。

だが、農民の中には、病人が出るなどして借金を重ね、農地を質に入れることが時々あった。

この農地の質入れにおいても、江戸時代の村落では特殊な慣行があった。

それは「何年前の借金であっても元本さえ返せば農地は返却される」というものである。

江戸時代では、通常の質入れの場合、10年以上経てば「質流れ」とされ、所有権が消滅するということになっていた。

しかし農地の質入れの場合は、村落によっては何年前の質入れであっても、元本さえ返せば農地は取り戻せるという慣行があったのだ。

これも、江戸時代の村落が運命共同体であったことを示している。

農地の一部が耕作されなくなり荒れ地になった場合は、周囲の田地も迷惑を被《こうむ》ることになる。田地は保水の役割も果たしており、一部の田地が耕作されなくなった場合は、周辺の田の水利に支障が出てくることもあるのだ。また一部の田畑に雑草が生い茂ってしまえば、それが周辺の田畑にも影響を及ぼしてしまう。

さらに、**江戸時代の年貢は「村落全体でいくら」というような「村請制《むらうけ》」を採っていた。**だから不耕作地が生じれば、その分の年貢をほかの農民全体で負担しなければならない。

同じ村落の農民にとって、村落内の一部の農地が耕作されなくなるというのは、自分たちの死活問題でもあったのだ。

そのため江戸時代の農民は、なるべく村内から脱落する農民が出ないような制度をつくっていた。彼らは我々の想像よりもずっと「公平」な制度の中で生きていたのである。

それは、明治維新直後に行なわれた地租改正の記録にも見ることができる。

地租改正の際に行なわれた土地調査では、小作地は全農地の30%しかなかったのだ。つまり江戸時代の農地の7割は自作農によって耕作されていたのだ（近代的な土地所有権を持つ自作農ではなく、他の農民から土地を借りずに自立的に農業をしているという意味での自作農である）。

江戸時代は250年もあり、その間に貧富の差が生じて農地の集約が進んでもおかしくないところである。

実際に、世界中の多くの地域で、近世までの間に「農地の大半を一部の地主が所有し、農民の多くは小作人か農奴となる」という現象が起きている。しかし、日本の江戸時代の農村ではそういう現象は生じなかったのである。

こういうことも江戸時代が長く続いた理由の一つかもしれない。

◎天領（幕府領）の農民は楽だった

江戸時代の農地は、主に三種類あった。

天領、藩領、寺社領である。

天領とは江戸幕府の直轄地であり、藩領というのは諸藩の領地のことであり、寺社領というのは寺社の保有している領地のことである。

この三つの農地のうち、もっとも農民が楽だったのは天領だったようである。

前述したように、江戸幕府は直轄領が広かったため諸藩よりは余裕があった。そのため、年貢の設定や取り立てもそれほど厳しいものではなかったようである。

寺社領は、寺社によって多少の違いが見られたが、概《おおむ》ね年貢はそれほど厳しいものではなかったようだ。

もっとも厳しかったのは藩領である。

もちろん藩によって違いはあるが、だいたいどこの藩も財政状況は苦しく、必然的に年貢は厳しいものとなっていた。

明治維新後、新政府は地租改正を行ない、年貢ではなく土地に税金を課す「地租」を設定したが、この地租は江戸時代の年貢よりも少し低くなるように調整されていた。しかも、農地の所有権を農民に無料で支給したので、農民には非常に有利になるはずだった。

が、地租改正の直後、一部の地域では一揆が頻発した。

「地租改正を取り消して江戸時代の農地制度に戻せ」というのである。**その一揆が起きた一部の地域というのは、ほとんどが天領だったのだ。**つまり、天領の農民たちにとっては、明治以降よりも江戸時代の方が楽だったのである。

◉地税を払っていなかった江戸の町民

町民は、農民よりもさらに生活が楽だったと見られる。

特に江戸の町民は非常に恵まれていた。

まず江戸の町民には、税金らしい税金は課せられていなかった。中世以降、町民は「地税」という税を納めるのが普通だった。これは土地税のようなもので、江戸時代においても、江戸以外の地域では普通に徴収されていた。しかし、江戸の町民だけは地税を払っていなかったのだ。

なぜ江戸の町人だけが税金を免れていたのか。天保13（1842）年に勘定奉行の岡本成は、次のように述べている。

「町民が地税を納めるのは当然のことながら、江戸の場合は、徳川家が江戸に入ったときに、寛大さを示すために地税を取らなかった。そのため、江戸の町民は地税を納めなくていいものと思い込み、これまで地税を徴収できなかった」

なんともお人好しというか、呑気《のんき》な話ではある。

おそらく、家康が、秀吉による国替えで江戸に入ったとき、江戸に人を呼び寄せるために、最初は地税を取らなかったのだろう。それが、町民の「既得権益」となってしまったのだ。

この発言があった天保13年というと、江戸時代の最晩年である。**つまりは、江戸時代を通じて、江戸の町人たちは地税を払わずに済んだのである。**

だから江戸の町民たちは、江戸幕府が大好きだった。

戊辰戦争で、官軍が江戸を占領したとき、江戸の町民たちは官軍から求められた御用金の拠出にはなかなか応じなかった。それは江戸の町民が、江戸幕府に対して恩義を感じていたからである。

◎それほど富の集積も起きなかった

このようにかなり恵まれた江戸時代の町人たちだったが、かといって、商人への過度な富の集積も起きなかった。

大商人たちも生まれ、大名の中には商人に頭が上がらないものが出てきたりもしていたが、中世、近世のヨーロッパ諸国のように、国王が国土を担保に金を借りたり、商人や銀行家に振り回されるというような事態は生じていなかった。

それは、あくまで幕府が経済を主導し、管理していたからだと考えられる。

江戸時代はかなり自由な商業活動が許されており、富の蓄積も認められていた。が、あまりに強欲な商売をしている商人や、贅が過ぎるような商人は財産を没収されたり取り潰しに遭うこともあった。

たとえば、大坂で史上初めて米の先物取引を始めたとされる豪商の淀屋は、五代目のときに「豪奢《ごうしゃ》を極めた」ということで咎《とが》を受け全財産を没収されている。

また富豪には、それなりの社会的な責任も求められた。

江戸時代から昭和初期にかけて、日本一の地主といわれていた山形・酒田の本間家なども、防風林の植林や飢饉対策などのために多額の自費を投じ、幕末には、藩に巨額の御用金を供出している。

江戸時代の中ごろから武家の生活はかなり苦しくなっていたが、没落してしまう武家はあまりいなかった。

武家の主な収入源は、年貢で徴収した米だったが、江戸時代も中ごろになると、様々な商品が市中に出回るようになり、米の価格が相対的に下がった。そのため、武家の生活は苦しくなった。

しかし、没落して武家の身分を放棄してしまうような者は、それほど多くはなかった（もちろん一部には存在した）。

これは、幕府の巧妙な経済政策によるものと思われる。

幕府は定期的に、武士への救済処置を行なっていたのだ。

江戸時代には、享保、寛政、天保という三回の大きな改革が行なわれている。この三回の改革にはそれぞれに特徴があるが、一つだけ共通点がある。

それは、**「武士の借財を帳消し」にしたことである。**

そして、この武士の借財の帳消しは、享保の改革以来、だいたい50年周期で行なわれている。つまり、50年周期で、武士の借財が帳消しにされているのである。だから、「父親の代からの借金を背負うことはあっても、祖父の代からの借金は背負うことがない」というような状態だったのだ。

また幕府は、商人側にも配慮した。武士の借財帳消しを行なうたびに、札差《ふださし》（金貸業者）に対し特別融資を行なうなどして、金融不安が起きないようにした。高圧的に借金を踏み倒すだけでなく、それなりの手当も行なっていたのだ。

だから札差（金貸業者）も、極端な貸しはがしに走ることはなく、江戸期を通じて、武士との持ちつ持たれつの関係を保っていたのである。

第10章

明治維新は〝農地解放〟だった

財源不足だった新政府

これまで述べてきたように、それなりに機能し安定していた江戸時代の土地、財政システムだったが、幕末になって大きな変革を求められることになる。

ご存知のように、ペリーの来航があったからだ。

ペリー来航以前から、当時の日本社会には、アヘン戦争などの情報は入っていた。知識階級の多くは、欧米の列強がアジア諸国を蹂躙《じゅうりん》していることを知っていたのだ。それは、武士だけでなく、町人や農民にも広まっていた。

「このままでは、日本も欧米に侵食されてしまう」という危機感から、幕末の尊王攘夷運動が巻き起こっていくのである。

そして薩長を中心とした倒幕運動も、最終的な目的は、「欧米に侵略されない強い国をつくること」だった。その目的は、薩長に限らず、幕府側や諸藩のほとんどが共有していた。だから倒幕運動や戊辰戦争なども長引くことはなかった。敵味方ともに、「欧米の侵攻を食い止める」という共通目的があったので、泥沼の内戦をしている場合ではないという意識があったのだ。

また戊辰戦争後、幕府の幹部たちの多くはすぐに許されて新政府に取り立てられている。

そして、明治新政府の最初にして最大の課題として「財政問題」があった。

欧米に侵略されない強い国をつくるには、莫大な資金が必要である。

だが、明治新政府にはそれがなかった。新政府は発足当初、財源をほとんど持っていなかったのだ。

とりあえず、徳川家の領地を没収し、その年貢収入を財源にあてることになった。

明治維新直後の新政府の領地は、次の通りである。

まず鳥羽伏見の戦いにより徳川家の領地を没収し、駿河七十万石に移封することで約七百二十六万石を得た。また戊辰戦争で官軍に敵対した仙台、会津などの奥羽諸藩を移封し、減石することで、約百八万石を獲得した。

その他、皇室関係領土などを合わせて、明治新政府は約八百六十万石の直轄領を持った。

しかし、それだけでは財源はまったく足りない。

そもそも江戸幕府というのは、日本全国から徴税していたわけではない。江戸時代までの日本は封建制度であり、全国に置かれた大名が、その領地を各々に統治していた。

徳川家は、最大の版図を持ってはいたが、日本全土の4分の1程度である。武家政権としては最大の財力だが、「中央集権政権」ほどの財力ではない。

もちろん「富国強兵」の経費を賄うにはまったく届かない。

明治新政府は「中央集権政権」として、全国から税を徴収したかった。

そのために、「廃藩置県」をしようという動きが出てきたのだ。

◆自らの領地を朝廷に差し出した薩長土肥

明治新政府の要人たちも、維新後すぐさま各藩の領地を全部返還させる、とまでは考えていなかった。なにしろ、800年も続いた封建制度をすぐに廃止するとなれば、大きな反動、反発が予想される。

だから、新政府はまず「版籍奉還」を打ち出した。

「版籍奉還」というのは、藩が持っていた領地を朝廷（新政府）に返還するということである。だが、藩は領地を奉還した後も、藩主がそのまま領主の地位である知藩事《ちはんじ》とされた。

つまり藩主が藩の長であることは変わらなかったのだ。

いきなり廃藩置県を行なうと大きな反発が予想されたので、まずは「版籍奉還」を行なったということだ。

この版籍奉還は、薩摩藩の大久保利通《おおくぼとしみち》や長州藩の木戸孝允《きどたかよし》らが中心になってすすめられた。大久保利通、木戸孝允というのは維新の元勲であり、彼らが共同し、主導して行なったことで、版籍奉還はスムーズに進んだ。

薩長両藩は、明治2（1869）年7月、戊辰戦争を共に戦った土佐藩や肥前藩にも働きかけ、薩長土肥の四藩主連名で、「版籍奉還」の上表を朝廷に提出させた。まずは、この四藩が率先して領地を返還したのだ。

そして諸藩にも版籍奉還することを勧告した。

官軍の中心であった四藩が版籍奉還をしたのだから、他の藩も反発するのは難しく、すぐに他の藩も追随した。

薩長土肥の四藩は、旧来の価値観でいえば、戊辰戦争の報償として新たな領地を獲得してもおかしくなかった。徳川家や旧幕府側についた藩を取り潰し、自藩の領地を大幅に拡大する、それは江戸時代までの価値観ならば当たり前のことだった。

しかし彼らはそれをせずに、逆に自らの領地を朝廷に差し出したのだ。「明治維新は薩長土肥のために行なったのではない、日本のために行なったのだ」ということである。

これには諸藩も逆らえず、追随するしかなかった。

版籍奉還をしても、藩内の徴税権や行政権は藩主が持っていた。藩主は、知藩事という職責を与えられ、そのまま藩を統治したのだ。

しかし、この知藩事という職は世襲とはされなかった。

これまでは藩主は世襲で代々受け継がれてきたが、知藩事に変更することによって、世襲制を廃止したのだ。つまり、代々藩主が領地を治めてきたのを、一代限りに限定したのだ。

藩というのは、藩主が代々統治してきたからこそ成立していたものであり、それを一代限りで統治をやめるとなれば、事実上、藩の所有権を手放したということでもある。たとえていえば、「会社の株を所有しているオーナー社長」から、「会社の株は持っておらずにただ会社から任命されただけの雇われ社長」になったようなものである。

当時としては、これだけでも相当に大きな社会改革だったことは間違いない。しかし、明治新政府は、その後、矢継ぎ早にもっと大きな変革を行なうのだ。

◯西郷の一声で決まった〝廃藩置県〟

「版籍奉還」は新政府の財源確保を最大の目的としていたが、財源的にはあまり効果はなかった。

新政府は版籍奉還により、諸藩から租税収入の1割程度を上納させようとした。

具体的にいえば、藩の収入のうち9％は海軍費として政府に納入することになっていたのだ。

つまり、その当時の段階では、日本の軍隊というのは政府が管轄するのは海軍だけであり、陸軍は各藩が個別に編成することになっていた。だから、海軍費用ということで、藩から上納金を拠出させたのである。

とどのつまりは、各藩が政府に支払うのは、9％の海軍費だけなのだ。

ただ諸藩は財政的に苦しかったので、この9％にさえ難色を示し、新政府に減額を要求した。その結果、海軍費は4・5％に減額された。

しかも諸藩は、新政府の方針をなかなか聞かなかった。新政府としては、中央集権的な国家をつくろうと考えていたのだが、諸藩は江戸時代までの封建制の気分のままだったので、新政府と対立することもしばしばあったのだ。

これではらちがあかず、藩を完全に廃する「廃藩置県」が必要だということは、新政府内の誰もが感じるようになっていた。

しかし、これはあまりにも困難が予想されたので、なかなか具体化しなかった。

薩摩の大久保、西郷、長州の木戸らも、新政府の財源問題に関してたびたび会合を持ったが、なかなか進展しなかった。

廃藩置県となると、自藩を消滅させることであり、大久保、西郷、木戸にしてもなかなか思い切ることができなかったのだろう。彼らは、薩摩藩、長州藩を率いる立場でもあったからだ。

そのようなとき、長州藩の若手官僚の野村靖《のむらやすし》、鳥尾小弥太《とりおこやた》が行動を起こした。野村は松下村塾出身で当時は宮内官僚をしていた。鳥尾は奇兵隊出身で当時は陸軍官僚だった。二人は、「今の日本を変えるには廃藩置県しかない」と確信し、明治4（1871）年6月、鳥尾の上司である山縣有朋《やまがたありとも》邸を訪問した。山縣有朋も二人の意見に対して異論はなかったので、長州藩の要人や薩摩藩の要人にも取り次いだ。

薩長の要人たちも、廃藩置県は不可避であることはすでにわかっており、この当時は、薩長がお互い出方をうかがっていたのだ。そのため野村と鳥尾の行動が、一気に壁を崩すことになったようだ。その後はとんとん拍子に話が進んだ。

西郷や木戸らが政府に働きかけ、翌月の7月14日には、廃藩置県が施行されたのだ。

西郷は、政府内で議論がぐらついたときには**「もし各藩において異論等が起こり候はば、兵を以て撃ち潰してしまうの外ありません」**と大声を発し反論を封じたという。

西郷隆盛は、毀誉褒貶《きよほうへん》の激しい人物だが、この西郷の肝っ玉が、明治の大改革を成功させた一因であることは間違いないだろう。

◆事実上の農地解放だった〝地租改正〟

明治維新の土地改革の目玉は「地租改正」だった。

この地租改正は、事実上の農地解放、しかも世界史的にも例を見ないほどの大規模な農地解放で、農民の権利を一気に拡大するものだった。

そもそも、江戸時代までは土地の所有者は、形式の上では藩主、藩士だった。藩主が持っている土地を藩士に分け与え、農民はその領地を耕作するだけの存在だったのである。だから本来は、明治になっても、土地の所有権は武士にあってもおかしくないのだ。

「版籍奉還」で、各藩はその領地を新政府（朝廷）に返した。新政府は、その土地の管理権を各藩に与えるということもできたはずである。つまり国土としては政府が管理するが、近代的な意味での「土地所有権」は藩主や武士に与える、ということである。江戸時代からの流れを見れば、むしろそうする方が自然だといえた。

しかし、明治新政府はそうはしなかった。

幕府や藩から取り上げた領地は、国土として編入し、近代的な意味での所有権は農民に与えたのである。

これは、欧米の歴史観でいえば、「農地解放」そのものである。それも日本全国の土地を、その土地を耕作していた農民たちに分け与えたのだ。これほど大規模な農地解放は未だかつてなかったといえる。

農地解放というと、戦後の農地改革のことをイメージする人が多いだろう。

しかし、戦後の農地改革というのは、実はそれほど大規模なものではない。詳細は後述するが当時の小作地は全農地の46％にすぎず、小作農（耕作地の半分以上が小作地）も農民の半分以下だったのである。その46％の小作地を小作人に分け与えただけのものであり、日本の全農地を分け与えた地租改正と比べるとはるかに規模が小さいのだ。

◎自分で農作物を決められるようになった農民たち

では、地租改正で具体的にどのようにして農地を農民に与えたか見ていきたい。

明治5（1872）年6月、壬申地券《じんしんちけん》と呼ばれる土地の権利証を発行し、近代的な所有権を確立させた。これで、農民は耕作地の所有権を手にし、その耕作地の売買も自由になったのだ。

農地の売買は、江戸時代も実質的には行なわれていたが、表面上は禁止されていたため、大っぴらにはできなかった。しかし、今後は簡単に売却することができる。農民は、生活が苦しくなれば、農地を売ってほかの職業に就くということもできるようになったのだ。江戸時代から見ると、その境遇は天地の違いがあった。

また地租改正では、農民が自分で農作物を決められるようになった。

これまでは、幕府や藩が決めた農作物（米など）をつくることが原則として義務付けられ、自分勝手に農作物を選択することはできなかった。しかし、地租改正以降はその縛りがなくなったので、農民は儲かりそうな作物、実入りがよさそうな作物を自分で選ぶことができるようになったのだ。

地租改正は、農民にインセンティブが与えられると同時に、政府には安定収入をもたらすことにもなった。

地租改正は、政府が安定収入を得るという目的もあったのだ。江戸時代は、収穫の出来不出来で年貢高は大きく変動したが、地租ならば毎年一定の税収入が得られることになるからだ。

しかし、それは凶作など、農民にとって不測の事態が起きたときも、例年と同じ税負担を課せられるということでもあり、そのことに起因する一揆も起こった。

明治9(1876)年には、米価の低落で、農民の収入が大きく減り、税負担は相対的に高くなった。そのため、三重、茨城、和歌山などで一揆が生じたのだ。

これを見た明治政府は、地租を3%から2・5%に減額した。当時は、不平士族などがたびたび反乱を起こし、また自由民権運動も盛んになっていたので、農民にこれ以上不満を持たれたくなかったのである。

そして地租の0・5%減額は、米価の回復後もそのまま続けられたため、結果的に農民は江戸時代よりも20%程度の減税になったのである。

地租改正が、農民にとって決して悪くなかった証左として、明治以降、日本の農業が急激

米の収穫量の推移

	収穫量(石)	10アールあたり収穫量
明治6（1873）年	24021	
明治10（1877）年	26599	
明治15（1882）年	30401	1173
明治20（1887）年	40025	1515
明治25（1892）年	41430	1501
明治30（1897）年	33039	1185
明治35（1902）年	39932	1297
明治40（1907）年	49052	1688
明治45（1912）年	50222	1672
大正6（1917）年	54568	1770

（『明治百年の農業史・年表』川崎甫著・近代農業社より著者がデータを抽出して作成）

に発達したことが挙げられる。

表のように、明治初期から中期にかけて、日本の農業は大躍進していることがわかる。明治6（1873）年と明治45（1912）年を比べると米の収穫量で二倍以上の増収となっている。

このように、明治以降の日本では農業も大発展しているのである。農業が発展したからこそ、富国強兵が成し遂げられたのだ。

◆明治維新とは武士たちのリストラだった！

明治新政府は、廃藩置県や地租改正という革命を、奇跡的に無血で成し遂げた。

しかし、明治新政府には、もう一つ大きな課題があった。

それは武士に支給していた「秩禄《ちつろく》」を廃止することである。

江戸時代、武士は将軍や大名から俸禄をもらうことで生活を成り立たせていた。明治維新でも、その形式は受け継がれていた。すでに述べたように明治新政府は、「版籍奉還」「廃藩置県」により、幕府や大名が持っていた領地（藩）を、国家に返納させた。

しかし、幕府や大名が持っていた領地（藩）には武士が付随しており、この武士への俸禄はそのままになっていた。

将軍や大名が幕臣や藩士に払っていた俸禄を、明治新政府がまとめて秩禄という形で払い続けたのである。つまり、藩は廃止しても、武士への財政支出は残っていたのだ。

明治新政府の経済改革の中で、この秩禄を廃止することが、もっとも困難なものだったと考えられる。

武士がもらっていた俸禄は、江戸時代の２５０年以上にわたって綿々と続いてきた「既得権益」である。

武士にとって、俸禄をもらうことは当たり前のことであり、俸禄をもらうために先祖代々将軍や藩主に忠誠を尽くしてきたのである。その権利を簡単に手放せるものではない。武士は他に収入を得る方策を持っていなかったのだから、俸禄がなければたちまち食っていけなくなる。

しかし明治新政府にとって、武士に払う「秩禄」は大きな負担となっていた。国家支出の３割にも上っていたのだ。

明治新政府は、きちんと教育を受けた新しい軍隊、新しい官僚組織をつくろうとしており、もう世襲の武士たちには用はない。何の用も足さない武士たちに対して、国家支出の３割も割かなくてはならないのだ。一刻も早く、近代国家としてのインフラを整えたい明治新政府にとって、秩禄というものは大きな障害となった。
そのため、タイミングを見計らって秩禄の廃止を行なうことにしたのである。

武士の秩禄は、明治維新時にすでに大幅に削減されていた。上級武士ならば7割程度、中下級武士も3割から5割程度、削減されたのだ。つまり、明治初年の時点で、武士の報酬は江戸時代から比べれば、半減かそれ以上の削減をされたのである。

明治3（1870）年には、武士から農民や商人になるものには、士族から除籍し一時賜金として禄高の5年分を出すという制度をつくった。また秩禄を奉還するもの（放棄するもの）には、禄高の3年分を一括支払いし、樺太《からふと》、北海道移住者には7年分を一括支払うという制度をつくっている。

明治6（1873）年には、この士族除籍制度をさらに拡充し、百石未満の元下級武士に対し、秩禄奉還した場合は、永世禄のものは禄額の6年分、終身禄のものは禄額の4年分を一時支給することにした。翌年には、百石以上のものにも、同様の制度が設けられた。

これはまるで早期退職奨励金のようなものである。

「6年分の報酬を一度に支払うから武士をやめなさい」

ということである。

ただし、新政府には金がないため、支給は半額を現金、半額を公債証書とした。公債は8％の利子がつき、3年間据え置いた後、7年間で償還されるものだった。

このような制度をつくるということは、秩禄がそのうち廃止されるかもしれない、という雰囲気が社会にあったということである。そうでなければ応募する者などいないはずだからだ。

さらに新政府は、明治6（1873）年に家禄税を創設している。

これは、家禄に対して課せられる税金で、家禄高に応じて累進性になっていたが、平均して11・8％の税率だった。家禄は政府が支給しているものなので、家禄を11・8％削ったのと同じことだった。

こういう処置を段階的に行なっていくことで、家禄が廃止の方向に向かっていくということを士族は肌で感じることになったのだ。

◯ついに武士の給料を全廃する

そして明治9（1876）年、明治新政府はついに秩禄を廃止し、金禄公債《きんろくこうさい》を武士に配布することにした。つまり、秩禄を廃止する代わりに、少しまとまった金（俸禄の5年〜14年分）

を武士に与えたわけである。

しかし新政府は財政が苦しく、現金では支給できずに、公債という形で支給した。公債なので、利子が支払われる。利子率は二百二十石以上の上級武士が5％、二十二石から二百二十石の中級武士が6％、二十二石以下の下級武士が7％だった。当面はその利子で食っていきなさい、ということである。

新政府にとっては、かなり大きな負担だったが、秩禄を廃止するためには、仕方がなかった。

この金禄公債をもらった武士には、毎年、利子が入ってくる。

しかしその利子は、以前の俸禄と比べれば、もちろん非常に低い。二十二石以下の下級武士が毎年受け取る利子は、平均で29円5銭だった。

武士のほとんどは二十二石以下である。だから、武士の大多数は、平均29円5銭の年収しかなかったわけである。1日あたりにするとわずか8銭であり、大工の手間賃45銭に遠く及ばなかった。武士のほとんどは利子だけでは生活できず、他の収入の途を求めなければならなかった。

金禄公債を売って慣れない商売をはじめ、元も子もなくしてしまう、という武士も大勢いた。いわゆる「没落士族」による「武家の商法」である。彼らは、汁粉屋、団子屋、炭薪《すみまき》屋《や》、古道具屋などを始めたが、ほとんどがうまく行かず、1年持つものは稀だったという。

また士族の多くは、新しい政府での官職を求めようとした。武士というのは、江戸時代は役人でもあったのだから、明治になっても役人になろう、というのは当然のことだといえる。

しかし新政府は、「能力のあるものしか採用しない」という建前をとっていた。欧米化、富国強兵化を目指していた新政府は、何の能力もない武士を役人として雇い入れる余裕はなかった。何らかの能力がなければ到底、官職には就けなかった。

明治14年の帝国年鑑によると、旧武士のうち、明治政府で官職にありつけたものは全体の16％にすぎないという。

西南戦争をはじめとする旧士族の乱も、この秩禄廃止が要因の一つである。

明治新政府は、大きな代償を払うことになったが、これで近代的な財政システムをつくることができたのである。

またこの秩禄奉還に関しては、武士以外の人々は歓迎していた。武士以外の人々にとって、武士であるというだけでもらえる秩禄というのは不愉快なものなので、当然といえば当然である。

当時の新聞の投書などには、華族や士族のことを「平民の厄介」「無為徒食」などと批判するものも多く見られた。また「東京日日新聞」では、「士族に対する家禄は、給金でも褒美でもなく、御情の仕送り、貧院の寄付」とまで書かれている。

国民の大多数は、近代国家をつくるためには莫大な費用がかかることを知っており、何もしていないのに禄をもらえる華士族たちというのは、批判の対象でしかなかったのだ。

旧武士たちもその点は、わきまえていたようで、薩長土肥以外のほとんどの士族たちは半ば仕方ないと感じていたようである。

だからこそ、武士の反乱は西南戦争程度で済んだのである。西南戦争は、当時の日本にとっては大戦争だったが、それでも半年で勝負がついた。近代のアジア諸国の内乱に比べれば、はるかに短期間で終息したものといえる。

これは、当時の武士階級が、時代の流れを受け入れるようになっていたからではないか、と思われる。

大富豪、大商人たちの犠牲で成り立った明治維新

これまで述べてきたように、明治維新での最大の被害者は武士である。そして、その次に被害を被ったのは、商人だといえる。

商人たちは、新政府の諸々の政策により大きなダメージを受けたが、その最たるものは「借

金棒引き政策」である。簡単にいえば、幕府や諸藩が商人から借りていた金を、ほとんど棒引きにされてしまったのである。

諸藩は、幕末から維新にかけて財政難に苦しめられていた。なのでどこの藩も商人からお金を借りたり（藩債）、藩札という藩領内だけに通用する通貨を発行し、財源に充てていた。それは維新後には莫大な額になっていた。

「版籍奉還」や「廃藩置県」が、意外とスムーズにいったのは、この諸藩の借金財政にも要因があるのだ。**諸藩は借金まみれで苦しんでいたので、「藩を朝廷に返してもいい」という気運を生んだのである。**

この藩札や藩債は、新政府が肩代わりすることになった。が、新政府は、これらの借金をまともに返しはしなかったのである。藩債のうち、外国からのものは国際問題を引き起こすので、優先的に返還された。しかし国内からのものは、ほとんど棒引きに近いような処理をされたのである。

明治6（1873）年、新旧公債証書発行条例という法律が施行された。これは、旧藩が抱えていた藩札、藩債の処分方法を取り決めたものである。

このときに定められた藩札、藩債の処分方法の主なものは以下の通りである。

①幕府が棄捐令《きえんれい》を出した天保14（1843）年以前のものは破棄する
②旧幕府や個人に属する負債は、償還の対象外にする
③藩債は、慶応3（1867）年以前と以降を区分して、政府が償還する（償還割合は別途定める）

この新旧公債証書発行条例は、事実上の徳政令だった。

旧幕府や個人の負債は償還されないし、天保14年以前のものは破棄されるのである。しかも、政府が償還に応じた藩債も、100％ではない。維新以前の旧債は「無利子50年償還」という、債権者にとって債権放棄も同然の恐ろしく不利なものだった。維新以後の新債も、4％利息付の3年据え置きの25年償還で、非常に債務者（政府）に有利な取り決めだった。

これらの処置により最終的には、藩債全体の80％が切り捨てられたという（『秩禄処分』落合弘樹著・中公新書）。

そして、この「藩債棒引き政策」により、もっとも被害を被ったのは誰かというと、商人である。藩や幕府にお金を貸していたのは、市中の両替商や大商人たちである。彼らは明治維新により、莫大な損失を被ったのだ。

住友家の番頭、広瀬宰平の著した『半世物語』によると、江戸時代の大坂の豪商34家のう

ち、維新期に23家が破産、絶家し、明治以降も以前の勢力を保持できたのは9家にすぎなかったという。

見方を変えれば、明治維新というのは、国の土地や資産を公平化する役割も果たしていたのである。

第11章

財閥、貧民、マイホームブーム
～混沌の戦前社会～

財閥の誕生

明治維新により、江戸時代の特権支配階級だった武家は、その巨大な特権を手放し、商人たちの多くはその資産を失った。明治時代は、全国民がかなりフラットな資産状態でスタートしたわけである。だが、明治も中盤以降になると新たな特権富裕者が台頭してくる。

「財閥」である。

戦前の日本では、財閥が経済社会を支配し莫大な富を所有していた。戦前日本の土地や財産を語る上で、この財閥は欠かせないものである。

そもそも財閥とはどのようにして形成されたのか？

三井、三菱などの財閥は、当初は欧米からの経済侵攻を防ぐためにつくられた「商社」が起源となっている。

日本は開国以来、輸出を奨励していた。欧米から先進的な文物を取り入れるにはお金がいる。そのお金を稼ぐために輸出が必要だったのだ。

幕末から明治にかけての日本の主力商品は生糸だった。日本の生糸は、世界的にレベルが高く、価格も安かった。

しかし、この生糸の貿易において、日本の事業者たちは外国の商人にいいようにしてやられていた。日本が開国したころの欧米の商人たちというのは、非常に狡猾《こうかつ》ですばしこい上に、資本力もあった。**そして何より、当時の国際貿易のルールというのは、欧米の商人たちがつくったものである。**

当初、日本の生糸の輸出は、日本に来ていた外国商人に頼っていた。日本の業者は、国外に営業拠点を持たないため、横浜などの国際貿易港まで商品を持ってきて、外国の商人に売ることしかできなかった。

日本の商人たちは、独自の貿易ルートを持っていなかったからである。

それをいいことに外国商人たちは、かなり横暴な商売をしていた。

商品に難癖をつけて返品したり、自分たちに不利だと思えば急に契約を反古《ほご》にしたりした。

また日本の商人は商品の持ち込みに際して、看貫料《かんかんりょう》（商品の検査料）などの名目で不当に様々な経費を負担させられた。

明治初年、日本の生糸は、海外販売価格の二分の一、三分の一程度の値段で買いたたかれていたという。日本に来ていた外国商人は、大儲けしていたのである。

また外国商人たちは、日本の事業者の資金力が乏しいことに目をつけ、日本の業者たちを手先のように操るようになった。日本の業者に、生糸の買い取り金として多額の資金を貸し与え、日本の業者はその資金を返済するために、外国商人のいいなりで取引をするようになっていったのだ。

この事態に、日本側も、黙って指をくわえていたのではなかった。

明治14（1881）年9月には、生糸商人たちが、三井、三菱、渋沢栄一などの支援のもと、横浜に「連合生糸荷預所」をつくった。

日本各地から送られてくる生糸は、ここで一旦、引き取られる。商人たちはここで妥当な価格で販売し、「連合生糸荷預所」側は妥当な価格で外国商人に引き取らせる、ということにしたのだ。

中小の生糸商人が外国商人と直接取引すれば、買いたたかれたり、不利な条件で取引を強いられたりするので、「連合生糸荷預所」という窓口をつくることで、それを防ごうということである。

しかし、これには外国商人たちが反発し、「連合生糸荷預所」からの生糸の買い入れを一切拒否した。

これを横浜連合生糸荷預所事件という。

このような圧力に屈せず、「連合生糸荷預所」は頑張ったが、約2か月資金が途絶え、外国商人側と妥協的な条件で和解した。

外国商人による不平等な商慣習はその後も続き、看貫料（商品の検査料）が廃止されたのは、大正時代になってからだった。

◆輸出奨励のためにつくられた総合商社

官民の指導者たちはこれを憂慮し、なんとか外国人と対等に貿易できる術《すべ》を探った。そこで編み出されたのが「総合商社」なのである。

「総合商社」というと、鉛筆からミサイルまでという言葉が示すように世界中のあらゆる物品の輸出入を取り扱う貿易商社である。

この「総合商社」という企業形態、実は日本特有のものなのである。

欧米にも穀物メジャーや石油メジャーのように、貿易商社はある。しかし、どれも一分野に特化しているものばかりであり、日本の総合商社のようにあらゆる産品を扱うことはないのである。

またこの総合商社が成立したのは意外に早く、明治初期のことだった。

日本側は、どうにかして外国商人の意のままになっている今の貿易形態を変えたかった。そのために、諸外国と直接輸出入できるルートを開拓しようとしたのである。

古くは幕末からそのプランはあった。

「兵庫商社」などである。

兵庫商社というのは、幕府の肝いりで、三井などが参加してつくられた貿易会社である。兵庫商社は、幕臣の小栗上野介によって慶応3（1867）年に計画されたもので、日本の輸出入を一手に引き受けることを目的とした会社だった。

小栗上野介は、日本の国内業者が日本の産品を外国に輸出するときには、この兵庫商社に一旦すべて買い取らせることを義務付けようとした。

外国人を通さずに、日本人の商人だけで、輸出する仕組みをつくったのだ。これにより、外国人から日本の産品を安く買いたたかれることを防ぎ、合わせて幕府が貿易のうまみを独占しようとしたのである。

後の総合商社の原型といえる。

兵庫商社には、当時すでに大坂を代表する商人だった三井家などに出資させる予定だった。大政奉還、戊辰戦争により、この計画自体は流れたが、その発想は三井物産などに引き継がれた。

また、この兵庫商社に対抗しようとしてつくられたのが、坂本龍馬の海援隊なのである。坂本龍馬は兵庫商社設立の動きを察知し、「こんなものをつくられたら幕府は強大な力を持ってしまう」と危惧し、土佐藩に出資させて長崎で商社「亀山社中」（のちの海援隊）を起ち上げた。

そして長州藩、薩摩藩の協力を仰ぎ、関門海峡～瀬戸内海の貿易航路を独占しようという計画も立てていた。

この発想は後に、岩崎弥太郎の三菱商会に引き継がれた。

つまり、後の日本を代表する総合商社となる三井、三菱は、すでに幕末にその萌芽があったのだ。

◎世界の貿易を牛耳った三井物産

明治維新の動乱により、一旦、とん挫した総合商社の計画だが、世の中が落ち着いてくると、再び実現に向けて動き出した。

最初にできたのが「物産」の名称で知られる三井物産である。

三井物産は、明治9（1876）年、輸出入の取り扱いを目的として設立された総合商社である。

三井物産は、元和8（1622）年、伊勢の商人の家に四男として生まれた三井高利《みついたかとし》が始祖である。三井高利は、江戸で呉服店を開き、「切り売り」「現金売り」「安売り」という新しいスタイルで大繁盛し、江戸を代表する商人になる。

そして幕末に官軍から御用金を求められたときにいち早く応じ、新政府の御用商人となる。

この三井家が資本を出してつくったのが三井物産である。三井物産は、創業後すぐに、上海、パリ、香港、ニューヨーク、ロンドンなどに支店を置き、貿易を幅広く行なうようになった。

この三井物産に対抗するようにつくられたのが後の三菱商会となる「貿易商会」である。

貿易商会は、明治13（1880）年、岩崎弥太郎や福沢諭吉などの呼びかけでつくられた。岩崎弥太郎は、言わずと知れた三菱財閥の創業者である。岩崎は、幕末に土佐藩の商務官吏をしていた関係で、維新後は土佐藩の商船などを引き受け、日本の運輸事業の草創期を担っていた。明治初期の日本の運輸業は、外国商船が支配していた。それに対抗するために、政府は岩崎に政府保有の大量の船舶を譲渡し、岩崎の運輸業を助けたのだ。西南戦争のときには、政府軍の輸送を一手に引き受けることに成功し、急成長した。

その結果、明治中期には日本国内の運輸業から、外国企業はほとんど駆逐された。

その岩崎弥太郎が主導してつくられたのが総合商社の「貿易商会」なのである。

三井物産、貿易商会以降、続々と総合商社が誕生していた。

その後、商社は政府とうまく結びつきながら急成長していった。

明治14（1881）年の段階で、ニューヨークに駐在員を派遣していた日本の商社は、三井物産、貿易商会、同伸商会、起立工商会社、日本商会、七宝商会、佐野理八組、扶桑商会、森村組、田代組の10社を数え、駐在員も31人いたという（『外貨を稼いだ男たち』小島英俊著・朝日新書より）。

三井物産は、戦前すでにニューヨークのエンパイア・ステート・ビルにオフィスを構えるなど、世界一流の企業と肩を並べる存在となっていた。明治40年代には、三井物産の取引量は約2億円にも達し、日本の貿易総額の2割以上を占めていた。

やがて三井物産は、日本の貿易だけではなく、外国同士の貿易取引も手掛けるようになっていった。

日露戦争直後に満州の大豆をヨーロッパに輸出することに成功し、それ以降、三井物産の第三国間の貿易は急成長した。1930年には、三井物産の第三国間の取引は全取引額の23%を占めるほどになった。三井物産は、アメリカとヨーロッパを結ぶ大西洋海底ケーブルの最大ユーザーでもあり、アメリカ電信電話公社が三井物産の支店内に社員を常駐させていたほどだった。

財閥は、明治政府の保護を受けることによって成長したが、帝国議会が開設され、日本社会にある程度民主制度が採り入れられた後も、政府との癒着は続いた。

民主選挙を行なう場合、多額の選挙資金がかかるため、政治家や各政党は多くの政治資金を必要とするようになった。**その結果、政治家が財閥に資金提供を受けることが多くなり、むしろ政党と財閥の結びつきは強くなった。**

昭和初期には、立憲政友会と立憲民政党という二大政党があったが、立憲政友会には三井財閥が、立憲民政党には三菱がスポンサーのようになっていた。さらに、安田、古河、住友などの財閥もそれぞれ政党に資金を提供していた。

岩崎久彌の年収は「約500億円」

財閥は昭和初期になると大変な財力を持つにいたった。

財閥がどれほどの財力を持っていたのか、わかりやすいのが「旧財閥邸」である。

現在、東京には旧財閥家の邸宅が博物館や記念館などになっているケースが多々ある。たとえば、上野にある都立庭園の「旧岩崎邸」や、東京都北区にある都立庭園の「旧古河庭園」などである。

上野の「旧岩崎邸」は、東京の一等地に1万6000平方メートルにも及ぶ広さを持つ大邸宅である。外国人が設計した西洋風建築物で、別棟のビリヤード場まである。訪れたことがある人は、その広さに驚かれたはずである。

この大邸宅は、岩崎家が所有していた邸宅のほんの一部にすぎない。しかも、岩崎家の財産の大半は不動産ではなく株券だった。岩崎家の財力がいかに大きかったかということである。

また昭和2年度の長者番付では、1位から8位までを三菱、三井の一族で占めていた。1位の岩崎久彌《いわさきひさや》などは430万円もの年収があった。

大学出の初任給が50円前後、労働者の日給が1~2円のころである。だから岩崎久彌は普通の人の1万倍近い収入を得ていたことになる。

現代の貨幣価値にざっくり換算すると、500億円程度になる。『役員四季報2013年版』(東洋経済新報社)によると、上場企業の経営者の年収1位が93億円程度なので、その5倍である。

さらに戦前の財閥の場合、一族皆が財閥企業の要職に就きそれぞれが高収入なのである。ちょうど、韓国ドラマに出てくる財閥のようなものである。

当時の国民にとって、彼らの存在が面白いはずがない。

大正デモクラシーや労働運動でも糾弾の対象とされたし、2・26事件などの若手将校の過激思想でも、目の敵にされた。

そのため、**テロの標的になることもしばしばあった。**

安田財閥の創始者安田善次郎は、右翼の活動家に暗殺されているし、三井財閥の総帥だった団琢磨《だんたくま》は、昭和7年、血盟団のテロで暗殺されている。血盟団のテロとは、右翼団体「血盟団」が元蔵相の井上準之助、三井財閥の総帥団琢磨を暗殺したテロ事件のことである。血盟団は日蓮宗の僧侶井上日召《いのうえにっしょう》によってつくられた。

暗殺された団琢磨は技術官僚から三井鉱山役員に転身し、総帥にまで上り詰めていた。作曲家の団伊玖磨《だんいくま》は孫にあたる。

また2・26事件を起こした将校たちも、決起理由として財閥の横暴を掲げており、三井、三菱は襲撃目標にもなっていた。


財閥も世間の風当たりは察知していて、慈善事業を行なったり、役員の報酬を引き下げたりしている。

昭和5（1930）年には、三井信託が退職金、給与を減額した。それまで25年勤続者の退職金は135か月分の給料だったが、それを65か月分と半額以下に切り下げた。またボーナスも20～25％減額した。三井信託だけでなく、三井銀行、三井物産、三井鉱山にも適用された。三菱はすでに同様の処置を昭和3年に断行している。

ただその程度では、財閥に対する国民の不満は和らぐことはなかった。

◆高級住宅街「田園調布」の誕生

戦前の経済社会では、財閥企業をはじめとする大企業が数多くつくられたが、そこで働くサラリーマンたちは、新たなエリート層を形成することになった。

明治以降、日本では財閥系企業だけでなく、国策として様々な銀行、企業がつくられた。そこで働くのは、昔ながらの丁稚や番頭ではなかった。最先端の知識や情報を持っている人たち、つまり大学や専門学校（今の私立大学に相当する）を出た人だった。

彼らは、最初、俸給生活者などと呼ばれた。

それが大正ごろからサラリーマンという和製英語で呼ばれるようになり、今に至っているのだ。

戦前のサラリーマンは、現代のサラリーマンとは少し違う。戦前は、ホワイトカラーのみをサラリーマンと呼び、ブルーカラーのことはサラリーマンとは呼ばなかったのだ。

当然のごとく、サラリーマンになれる人というのは少数だった。

昭和5年の国勢調査による職業別人口によると、就業者全体が2960万人であるのに対して、サラリーマン層である「事務・技術・管理関係職業」は215万人であり7％にすぎない。

つまり戦前のサラリーマンというのは、エリートの代名詞でもあったのだ。

彼らは財閥家ほどの収入や資産はなかったが、一般の市民と比べればかなりの高給取りだった。

昭和4年ごろ日本石油、日本郵船などの大企業では課長クラスで年収1万円くらいだった。この当時の一世帯当たりの平均年収は８００円足らずだったので、普通の人の10倍以上の収入があったわけである。今の貨幣価値からいうと、年収５０００万円くらいにあたるだろう。

三井、三菱直系企業となると、さらに高い報酬だった。三井の重役では、ボーナスだけで40万円もらっている者もいた。現在の貨幣価値では20億円くらいとなる。

そしてこういう新たなエリート層のための「高級住宅街」がつくられるようになった。

田園調布を住宅地として開発しようと考えたのは、かの渋沢栄一である。

渋沢栄一は、欧米の田園都市に強く惹かれ、日本にも田園都市をつくりたいとかねてから考えていた。

「自然のない都市環境では、人間の心身の健康に悪影響を及ぼし、道徳上の弊害が生じたり、精神衰弱患者を増やすことになる」

と渋沢栄一は考えたのだ。今のロハスなどの発想とほぼ同じだといえるだろう。

19世紀から20世紀にかけての欧米では、自然回帰主義的な発想が起こり、都市の中に自然公園をつくったり、田園の中に都市をつくったりするようになった。それを見た渋沢は、同じものを日本にもつくろうと考えたのだ。

大正7年（1918年）、田園都市株式会社という会社が渋沢によってつくられる。田園都市株式会社は、東京近郊の田園地帯に、計画的に都市を建設するという目的を持っていた。具体的にいえば、東京近郊の田園地域を開発し、分譲地として売り出すということである。

この会社のターゲットとなった地域が武蔵野の風光明媚な地域であり、「田園調布」なのである。

この田園都市計画では、田園にいながら最先端の都市生活ができる、というコンセプトを持っていた。まだ普及率が低かった電気、上下水道、ガスなどを整備し、小学校、幼稚園の用地も確保されていた。また公園や遊園地も計画的につくられた。

そしてなにより、都市に通勤、通学ができるように電車を走らせたのである。それが、今の東急（東京急行電鉄）なのである。

住宅地としても先進の思想を採り入れており、駅を中心にして放射線状に道を走らせ、どの家からも駅までは最短距離に近い道で結ばれている。

地域内には住宅以外の建築物は建設できず、駅周辺に店舗地域を設けることとされていた。また住宅建設は、原則として持ち主に任されていたが、住宅図面の資料などを用意し、美観を考えた住宅を建設することを旨としていた。

この田園分譲地の売り出しは、ちょうど都心部が壊滅的被害を受けた関東大震災の直後だったことも幸いして、売り出し3か月で分譲予定の半分以上が売れたという。

「ラッシュアワー」が始まる

田園調布の開発以降、東京近郊は相次いで住宅地として開発されることになった。

関東大震災以降、人々は都心部から外に住居を求める傾向が強くなったこともあり、小田急や西武線の前身などが相次いで開通し、田園調布を倣《なら》って鉄道会社が沿線を住宅地として開発していった。

その結果、現在にいたる「電車通勤」「ラッシュアワー」などが生まれた。

戦前のサラリーマンの実生活を描いた本『「月給百円」のサラリーマン』（岩瀬彰著・講談

社現代新書）によると、昭和5年には、西荻窪駅徒歩４分の土地が坪30円、高円寺駅徒歩４分は29円の新聞広告が出ていたという。

住宅建設費は昭和５年ごろで坪80円くらいだった。建て坪が30坪とすると２４００円くらいで、風呂付、３Ｋくらいの当世風のモダンな家が出来たという。

だから東京近郊で60坪の土地に30坪の家を建てるとすると、だいたい４０００円前後のお金がかかったことになる。

当時の世帯年収の平均額が８００円程度だったので、**5年分の年収で東京に家が買えたのだ。**

現代の貨幣価値にすると２０００万～３０００万円くらいである。意外に安いと思われる方も多いだろう。土地の値段が急騰するのは戦後のことなので、戦前はまだ東京でもそのくらいの値段で買えたのだ。

現代ならばこのくらいの金額ならば、普通の人でも30年以上のローンを組んで買えそうなものだが、当時は平均寿命が短いこともあり、住宅ローンが充実しておらず、10年～15年のローンしか組めなかった。

大正10年には住宅組合法というものができ、７人以上で住宅組合をつくり、府県から年利４％程度、20年返済で融資を受けることができた程度である。

だから平均年収程度の人では、東京に家を買うのはちょっと難しく、サラリーマンなどのエリート層がはじめに購入することになった。

東京近郊では、もっと格安な建売住宅も出始めていた。

昭和6年には、同潤会が洗足台《せんぞくだい》で建売住宅を分譲販売している。建て坪24、5坪で2205円だった。数年分の年収で購入することができるので、一般の人も少し頑張れば手を出せる値段だった。現地見学会は、4日間で5000人が訪れたという。

◉残飯を食う貧民街の人々

東京では高級住宅街が誕生したり、市民向けの分譲住宅が売り出される一方で、貧困にあえぐ人も増えていた。

戦前は、貧富の差が激しく都市のいたるところに貧民街があった。貧民は特に昭和恐慌以降は、急激に増殖した。

東京には深川、浅草、芝、小石川、下谷《したや》、京橋、麻布《あざぶ》、牛込《うしごめ》、本郷、四谷、神田、赤坂などに貧民街があった。

職にあぶれた日雇い作業員や、夫に先立たれた女性、また両親のいないストリートチルドレンもいた。彼らは木賃宿《きちんやど》や、頭がつっかえてしまうような丈の短い貸し部屋に住んでいた。

この貧民街は、当時は「貧民窟」と呼ばれ、政府も頭を悩ませていた。衛生的にも問題があり、伝染病の発生源になることも多かったからだ。

「東洋経済新報」昭和8（1933）年12月9日号の記事によると、当時のスラムでは平均して1・29畳に1人居住しており、つまり四畳半に3〜4人が生活していた。押入れはなく、窓もなく棟割長屋では光がほとんど入ってこない。

棟割長屋ではなくても、住宅同士の幅が50センチ〜1メートルくらいなので、部屋の中は日中でも暗い。出入口以外からはほとんど光は入らない。屋根はトタンで、石油缶を利用しているものが多い。

排水設備がないため、雨水が床下にたまり、共同便所から流れる汚水、下水が一緒になって「スラム臭」を発していた。

昭和4（1929）年の東京市の調査によれば、行政による援助が必要な「細民」は、2万6601世帯で合計8万3216人。このほかに、東京市の周辺に7万世帯、29万人の細民がいた。つまり東京だけで40万人近い細民がいたということである。

これらの細民にとって重要な食料となったのが、「残飯」だった。

兵営や軍の学校では、大量の残飯が出る。この残飯を業者が払い下げてもらい、貧民街で売りさばくのである。残飯を専門に出す食堂もあった。

貧民街は、兵営や軍の学校の近辺に散在することが多いが、それは残飯を求めて貧民が集まってきたということでもある。

残飯業者は、朝昼晩の三回、士官学校に行って残飯を買い取ってくる。もちろん残飯なので、まともなごはんではない。「あらい」と呼ばれる釜を洗ったときの水分を大量に含んだ飯や、「虎の皮」と呼ばれる焦げ付いた飯ばかりである。

しかし、この残飯を買えば、普通に食事をした場合の何分の一かで済むのだ。

ただ残飯はいつもあるわけではない。残飯はあくまで余った食糧なので、士官学校の都合でその分量は変わる。日によっては残飯がほとんどない日もあった。そういう日は、貧民街の住民たちは飢えることになる。だから残飯業者が、たくさんの残飯を荷車に載せてやってきたときには、大喝采で迎えられたという。

昭和5年、東京市内には残飯屋が23軒あった。

そのうち3軒は慈善事業で行なわれており、官庁や白木屋、松屋などのデパート、レストランの精養軒、明治製菓などの残飯を無料でもらい受け、貧民に無料で配布した。

そのほかの業者は、軍や官庁、学校、デパート、食堂、弁当屋などから有料で払い下げられたものを、貧民たちに売りさばいたのだ。

昭和5年当時、白米で三食を取ろうとすれば、20銭（現在の価値で700円くらい）以上はかかったが、残飯ならば7銭（現在の価値で200円くらい）で済んだのである。

この貧富の格差が、戦前の日本を戦争に駆り立てた要因の一つでもある。

明治維新後の日本は、日清戦争、日露戦争、第一次世界大戦と、戦争をするたびに好景気となり、経済成長をしてきた。その恩恵は、庶民にも大きいものがあった。だから、戦前の日本人には「戦争＝好景気」というような意識が芽生えていた。

しかも、戦争は貧しい人々の働き口をも増やした。貧しい農村では軍隊は貴重な就職先だったし、軍需産業の活況により都市部の貧民たちも糊口《ここう》をしのぐことができたのだ。

そのため満州事変が起きたときなどは、国中がお祭り騒ぎになったのである。

それが日本を日中戦争、太平洋戦争に突き進ませることになる。

そして国土が破壊しつくされて、ようやく戦争をやめることになったのだ。

第12章

「財閥解体」が生んだ高度成長

財閥解体の手順

戦前には我が世の春を謳歌《おうか》していた財閥だったが、敗戦とともに大打撃を食らうことになる。

戦後のＧＨＱの占領政策において、大きな柱の一つとされたのが「財閥解体」だった。

多くの財閥系企業が軍需生産を行なっており戦争に協力的だったこと、財閥への富の集中が国民の不満を招きそれが戦争へと向かったことなどから、財閥は「重要戦犯」とされたのである。

ＧＨＱは日本に来て早々から財閥解体に手をつけた。

昭和20（１９４５）年11月、まず三井、三菱、安田、住友の四大財閥の本社と、役員、その家族などの資産を凍結した。土地、建物、現金、預金、有価証券などあらゆる財産の処分を禁止した。彼らは生活費を引き出すのも、政府の許可が必要だったのだ。

そして上記、四大財閥を含む14財閥の家族の資産状況を調査した。

14財閥とは、三井、三菱（岩崎）、住友、安田、川崎、浅野、中島、渋沢、古河、大倉、野村、野口、鮎川、大河内である。

この14財閥の合計資産は、約16億円だった。これは現在の貨幣価値にすれば10兆円近くになると見られる。

また財閥の財産というと、都立庭園の「旧岩崎邸」や同じく都立庭園の「旧古河庭園」などの大邸宅が有名だが、実は不動産は財閥の財産の5分の1以下にすぎなかった。彼らの資産の中心は株券であり、16億円の資産のうち13億円が有価証券だったのだ。つまり有名な大邸宅の数々よりも、はるかに巨額の株券を所有していたのだ。

もちろん、この株券の大半は、自家のグループ企業の株である。

この財閥家が持っている財閥グループの株は、強制的に社会に吐き出させられた。

財閥家の所有しているこの巨額の株を強制的に株式市場で売却させたのである。いきなり

14財閥の資産状況　昭和21(1946)年5月時点

有価証券(株など)	約13億円	負債	約3億4000万円
現金預金	約1億1500万円		
不動産	約1億2500万円		
動産	約3000万円		
その他の資産	約3000万円		
合計	約16億円	合計	約3億4000万円

没収するということは法律的にも道義的にも難しいので、とりあえずは供出させて「売却」という形をとったのだ。

が、売却されても、その代金は財閥家には入らなかった。

財閥家が株を売却して得たお金は、財産税によってほとんどが徴収されたのだ。詳しくは後述するが、財産税というのは、昭和21（1946）年に臨時的に課せられた税金である。この財産税は、一定の資産を持つ人に課せられたもので、最高税率は90%にもなった。

だから、財閥家の資産の大半は、この財産税によって失われることになった。

また財閥家の者たちは財閥グループが解体された後も、かつての支配企業の役員に就任することが禁止された。

そしてGHQは財閥の司令塔といえる「持ち株会社」を禁止した。

持ち株会社というのは、何か事業をやっているわけではなく、財閥グループ企業の株を持っているだけの会社である。

戦前の日本の財閥は、たくさんの企業体を管理・コントロールするために、企業体の頂点に持ち株会社をつくっていた。財閥グループ内の事業や投資などの総合的な策定をする、いわば「最高司令部」のような存在だった。

持ち株会社は財閥グループの議決権分以上の株を所有し、しかも持ち株会社自体の株は非公開になっていた。そのため、財閥グループ企業全体に一般からの資金を流入させることができ、グループの経営権は財閥家が支配し続けたのだ。

この日本の持ち株会社は、戦後には、財閥の弊害の象徴とされた。

そのため、戦後は財閥が解体されるとともに、持ち株会社も独占禁止法によって禁じられたのである。

このGHQによる持ち株会社禁止はGHQの占領が終了してからも継続され、解禁されたのは1997年のことである。最近の日本の持ち株会社は、「○○ホールディングス」という名称になることが多い。こういう名称をテレビCMなどで聞き覚えのある方も多いはずだ。

◆金持ちをパニックにさせた終戦直後の〝財産税〟

財閥解体とともに、富裕層に壊滅的な打撃を与えたのは「財産税」である。

財産税というのは、昭和21年に臨時で一度きりに課税された税金で、所有する財産に対してかけられた。

この財産税の対象となるのは、日本国内に所有している金融資産、不動産、骨とう品など「金目のものはすべて」だった。ただし朝鮮半島、台湾など、日本がポツダム宣言受諾によって手放した地域の資産は含まれない。

この財産税は、最高税率が90％という超高率な税金だった。最高税率が課せられるのは、資産1500万円超の大資産家に限られたが、当然のことながら大資産家は大きな打撃を受ける。

ざっくりいえば、資産1500万円以上を持っている者は、自分の財産の9割が持っていかれるのである。この当時の物価は、だいたい現在の100分の1とされるので、資産1500万円というのは、現在の貨幣価値にすれば15億円程度ということになるだろう。ZOZOTOWNの前澤元社長やソフトバンクの孫正義会長などの資産を90％徴収するというようなことである。

1500万円のような大資産を持っていたのは、財閥家や東京に広大な土地を持つ皇族や華族などに限られた。だから、財閥家や華族の財産はこのときに没収されることになった。

上野公園の中にある都立庭園の「旧岩崎邸」や、東京都北区にある都立庭園の「旧古河庭園」なども、この財産税の課税時に没収され、公有地にされたのである。


財閥や華族だけでなく、ちょっとした資産家もパニックになった。100万円以上の資産には70％の高税率が課せられたからだ。100万円というと、今の貨幣価値にしてだいたい1億円程度なので、町中にちょっと不動産を持っているような人も対象になった。資産の大半を徴収されてしまうのだから、大混乱に陥ったのだ。

財産税は、昭和21（1946）年の3月3日時点での所有財産が課税の基準となっていた。この財産税の草案が発表されたのが昭和21年の1月10日のことである。またそれ以前から財産税の噂は市中に流れていた。

そのため、この時期には急いで資産を売り払うものが多かった。現金ならば隠しようがあるが、不動産や預貯金は隠しようがない（預貯金は当時、凍結されていた）。そのため、せめて不動産を売り払おうと動いたのである。

この時期、貸家の家主が借家人に対して、借家を購入しないかと持ち掛けるケースが相次いだ。家主としては、半分以上が税金で取られるくらいなら、それよりも少しでも高い値段で売っておいた方がいいということだったのである。

財産税の税率

財産	税率
10万円超～11万円以下	25%
11万円超～12万円以下	30%
12万円超～13万円以下	35%
13万円超～15万円以下	40%
15万円超～17万円以下	45%
17万円超～20万円以下	50%
20万円超～30万円以下	55%
30万円超～50万円以下	60%
50万円超～100万円以下	65%
100万円超～150万円以下	70%
150万円超～300万円以下	75%
300万円超～500万円以下	80%
500万円超～1,500万円以下	85%
1,500万円超	90%

◆実はそれほどでもなかった農地改革

終戦直後のＧＨＱの占領政策において、大きな目玉となっていたのが、財閥解体と農地改革である。

戦後教育を受けた我々は、小中学校の歴史の授業のときに、「戦後の農地改革によって多くの小作人が救われた」というように教えられてきた。だから「戦前は一部の地主が日本全国の土地を所有していて、大勢の小作人たちは貧苦にあえいでいた」というイメージを持つ人も多いだろう。

が、これは「農地改革」を過大評価したものである。

戦後教育では、「農地改革」をことさらに大きく評価してきたが、実はいわれているほど大きな改革だったわけではない。

というのも、日本にはそれほど小作人は多くはなかったからだ。

明治維新で地租改正を行なったとき、実質的な小作地はわずか31％にすぎなかった。そして地租改正により、近代的な意味での所有権が農民に与えられた。

地租改正で農地の売買が自由になった後は、農地を買い取る富裕者も出てきたため、小作地は増えた。が、昭和初期の段階でも小作地は46％であり、全農地の半分以下だったのだ。つまり、農地の半分以上は、各農家の自作地だった。また自作地をまったく持たない小作人は、農業人口の半分以下だったのである。

「欧米やアジア地域のように、ほんの一握りの地主が農地の大部分を握っている」というような状態は、日本では生じていなかったのだ。

終戦直後に行なわれた農地改革とは、この46％の小作地の大半を国が買い取り、小作人たちに安く販売するというものだった。北海道以外の地域では3町（約3ヘクタール）以上、北海道では12町（約12ヘクタール）以上の所有農地が買い取りの対象となった。

このときに小作人に譲渡された土地は、合計で193万ヘクタールに及ぶ。政府はこれを総額約130億円で買い取り、小作人に約40億円で売却した。この当時、急激なインフレとなっており、小作人が土地代金を支払う頃には貨幣価値が大きく下落しており、無料のような安さで土地を手に入れることができた。

この無料同然で入手した土地が戦後数十年で急騰し、バブル期には土地成金となる者も多数生じたのである。

◯GHQが「財閥解体」「財産税課税」を行なった本当の意味

財閥解体や財産税により、戦前日本の貧富の格差は大幅に改善された。

これだけを見ると、GHQは日本社会にとって非常に良いことをしたように思われる。確かに、GHQは当時の日本社会の問題点を把握し、それを強力に改善したという面もある。

だが、GHQが、財閥解体や財産税課税を行なったのは、別の理由がある。

そもそもGHQの目的は、日本を二度とアメリカと戦争をしない国にするというものだった。だから、日本の軍需産業を徹底的に壊さなければならなかったのだ。

そしてGHQにはもう一つ大きな目的があった。

それは、**アメリカ軍のアジア方面の駐留経費を日本に負担させる**ということである。

アメリカにとって、アジアは戦略上重要な地域だった。しかも戦後のアジアは、政治的に非常に不安定な地域が多かった。そのため、アメリカ軍はアジアに軍を置いて、睨みを利かせなければならない。が、アジア諸国はどこも貧しく、アメリカ軍の駐留経費を出してくれるどころか、逆にアメリカ軍が経済支援をしなければならないような状態だった。

たとえば韓国などは、隣国の北朝鮮が共産圏であり一触即発の状態が続いており、アメリカとしては軍を駐留させたかったが、戦後の韓国はアメリカ軍の駐留経費を出せる状態ではなかった。そのため、アメリカ軍は戦後早々に韓国から駐留軍を引き上げた。そのことが、朝鮮戦争のきっかけにもなっているのだ。

つまり、戦後のアジアで駐留経費を出せるような国は、日本しかなかった。

しかし、日本も終戦直後は、経済は壊滅状態で、政府も著しい財政難に襲われていた。それを解消するためには、財閥や富裕層の資産を政府の財源に充てさせるしかなかったのだ。

アメリカ軍は戦後、日本に駐留し、その駐留経費は日本が支払ってきた。

この駐留経費は、莫大だった。特に終戦直後から朝鮮戦争までは非常に大きかった。

昭和28年の参議院の国会答弁書によると、47億ドル（当時の日本円換算で5100億円）にも及ぶものだった。昭和28年時点での日本の国家予算が約1兆円なので、年間の国家予算の半分の額が駐留経費ということになる。

そもそも、アメリカ軍の駐留というのは、当初、それほど長くなるはずではなかった。しかし、朝鮮戦争やその後の東西冷戦の深刻化によって、第二次世界大戦の講和条約がなかなか成立しなかった。そのためアメリカの駐留が長引いたのである。

しかも、この47億ドルの駐留経費の中には、朝鮮戦争での国連軍の経費も入っていた。

この莫大なアメリカ軍駐留経費を出させるためには、財閥解体と財産税は必須だったのである。

◆世界に通用する新興企業が次々と誕生する

前述したように、主にアメリカ側の都合で行なわれた「財閥解体」や「財産税」だったが、戦後の日本経済に大きな僥倖《ぎようこう》をもたらした。

それまで財閥に集積していた資金や資源が、社会全体に配分されるようになった。財閥に集中していた有能な人材も、いろんな企業に分散するようになったのだ。

そのため日本経済は急速に復興し、新しい企業が雨後の筍《たけのこ》のように出現しはじめたのである。

最初に復活したのは製鉄だった。

実は、日本は鋼材の生産設備は、戦災の被害をほとんど受けていなかった。敗戦時にも戦前の水準である約1100万トンの生産能力があったのである。第二次世界大戦では、日本全土が空襲を受け、産業にも大きな打撃を被ったと思われがちだが、生産力自体にはそれほど大きな影響はなかったのである。

日本の粗鋼生産量の推移は、次のようになっている。

１９５１年　　　６５０万トン
１９６１年　　２８２７万トン
１９７０年　　９３３２万トン

１９５１年と１９７０年を比べれば、実に14倍以上である。

日本は、戦後復興により鉄鋼の需要が急増していたが、それでもこのような大量の鉄が国内需要だけで使用されていたわけではない。アメリカなど諸外国にも大量の輸出をしていたのだ。

そして製鉄が復活した後は、家電、オートバイ、自動車などで日本の輸出が急増した。世界で初めてトランジスタラジオの実用化に成功したソニーをはじめ、オートバイのＨＯＮＤＡ、ミシンのブラザーなど世界に通用する新興企業が続々と育ってきた。

また戦後の日本には、為替の恩恵もあった。

戦後、ドルと円の交換レートは、１ドル＝３６０円に固定されていた。このレートは、日本が戦災のダメージを受けていたときの経済力を元にして設定されていたため、円の本来の実力よりも、かなり安かったのだ。

しかも日本は、欧米に比べて人件費が非常に安かった。今の中国のようなものである。そのため日本製品は、アメリカや欧米に対し、強い競争力を持っていたのだ。

その結果、日本は昭和40年代には世界の経済大国にのし上がったのである。

◎巨大化する東京

日本が経済大国になっていくにつれて、人口の都市圏への集中が生じるようになった。

戦前からその傾向はあったが、戦後の高度成長期にはそれが激しく顕著となったのだ。

特に東京への人口集中はすさまじいものがあった。

地方から東京への人口流入は戦前から現代まで続いているが、それがもっとも激しかったのは昭和30年代であった。昭和38年には、東京の人口は1000万人を突破している。

次ページの表を見ていただければわかるように、昭和30年代の10年間で、東京の人口は200万人、25％も増加している。その後の約50年の間では300万人しか増加していないので、昭和30年代の東京への人口流入がいかに激しかったかということである。

昭和41年には東京人の比率が11・0％になっている。**日本人の9人に1人が東京在住者だ**

東京の人口の推移

	東京の人口（千人）	全国の人口（千人）	東京人の比率（%）
昭和31年	8111	90172	9.00
昭和32年	8409	90928	9.25
昭和33年	8752	91767	9.54
昭和34年	9082	92641	9.80
昭和35年	9416	94302	9.99
昭和36年	9726	94287	10.32
昭和37年	9985	95181	10.49
昭和38年	10224	96156	10.63
昭和39年	10467	97182	10.77
昭和40年	10667	99209	10.75
昭和41年	10898	99036	11.00
昭和51年	11670	113094	10.32
昭和61年	11834	121660	9.73
平成８年	11766	125859	9.35
平成21年	12978	128032	10.14

ったのである。

また東京を中心とした首都圏の人口も、この時期、急激に増加した。昭和30年には１５００万人ちょっとだったのが、昭和40年には２０００万人を突破している。日本人の５分の１は、首都圏に住むようになったのだ。

そして、人口の増加と合わせるようにして、昭和30年代に東京は大変貌を遂げた。というより、東京が変貌していく過程で、人々が東京に招き寄せられたということがいえる。

東京オリンピックを控えた東京では、大規模なインフラ整備が行なわれた。

新幹線、首都高速、東名高速などが次々と建設された。その建設のために日本中から人が集められ、その集まった人を目当てに新しいビジネスが発展していった。東京に人口が押し寄せてくるとともに、開発は郊外へと広がり、雑木林、農地、山林が住宅地へと変わり、あちこちにマンモス団地が誕生した。

もちろん、地価は高騰した。

戦前には、ちょっと手を伸ばせば庶民でも東京都市圏で一軒家を購入することができたが、昭和30年代以降は高嶺の花になってしまった。

そして、昭和50年代後半から昭和60年代にかけて、狂乱のバブル経済に突入することになる。

第13章

なぜバブルは崩壊し、格差社会が再来したのか

アメリカを丸ごと買い取ろうとした!? バブル経済の凄まじさ

戦後の日本は、土地の価格が高騰した。

日本では、戦後一貫して土地の値段は上がり続けていた。

前述したように日本は、戦後すぐに経済が復興し、１９５０年代から始まった高度成長などにより、爆発的に輸出が伸びた。

貿易などで巨額の金を稼いでいた日本の企業の多くは、その使い道として、とりあえず土地を買っておくというようなことが行なわれていた。それが、土地の価格を大幅に引き上げることになった。

そうこうするうちに、「土地転がし」のビジネスが盛んになってきた。

土地の価格が上がれば、労せずして収益を得ることができる。それを目指してまた多くの事業者が土地を買い求めた。

土地の価格が上がれば、担保価値も上がるので、銀行はさらに多額の融資をする。

そして日本の大企業は多くの土地を持っている。そのため大企業の多くは、莫大な資金力を有することになった。その金が、一部は株式に投じられ、日本株の高騰を招き、一部はアメリカなど他国の土地や企業の買収に充てられた。

日本の企業や金融機関は、その巨大なマネーで、世界各地の不動産を買いあさったり、外国有名企業の買収を始めた。

その最大の「被害者」がアメリカだった。

1986年には三井不動産がアメリカのエクソンビルを購入、1989年には三菱地所が、ロックフェラー・センターを購入した。

ロックフェラー・センターというのは、ニューヨーク・マンハッタンの中心部の約8万平方メートルの敷地に、19の商業ビルを隣接させた複合施設である。ざっくりいうと東京ドーム2個分の土地に、高層ビルを19個、建てているということである。しかも一番高いGEビルディングは、70階建てで高さ259メートルという超高層ビルである。

アメリカの大企業家であるロックフェラーが、その財力によって1930年から建設を始めたものであり、アメリカの豊かさを象徴する建造物群だった。

このロックフェラー・センターが日本の企業に買収されたのだ。それもたった一つの企業に、である。

これはアメリカ人にとってかなりのショックだった。

日本でいうならば、東京駅付近のビル群（丸の内ビルディングを含む）を、外国の一企業に買収されたようなものだろう。いや、それ以上の心理的ダメージがあったかもしれない。

また同じ1989年には、ソニーが、映画会社の「コロンビア映画」を買収した。

コロンビア映画は、「戦場にかける橋」「アラビアのロレンス」「スタンド・バイ・ミー」などを製作した、アメリカを代表する映画会社である。

映画産業というのは、アメリカの主要産業の一つだが、アメリカ映画のビッグ6と呼ばれる大映画会社がある。その六つの中にコロンビア映画は入っているのだ。ちなみにアメリカ映画会社のビッグ6とは、「パラマウント」「ワーナー・ブラザーズ」「20世紀フォックス」「ユニバーサル」「ディズニー」「コロンビア」である。

このコロンビア映画の買収も、アメリカ国民に大きな衝撃を与えた。

誰もが知っている「映画」という分野での買収劇は、経済のことがあまりわからない人々にも理解できたため、より多くのアメリカ国民が日本に反発を覚えた。

ちなみにロックフェラー・センターは、買収後、赤字運営が続いたために、三菱地所がつくっていた現地法人が破産し、ビル群のほとんどを手放した。現在、三菱地所が所有しているのは、19個のビルのうちの二つだけである。コロンビア映画の方は、今もソニー系列の企業となっている。


アメリカとしては、日本にアメリカの主要部分がみな買収されてしまうような気分になったに違いない。

この当時、アメリカでの投資は、実際は日本からのものよりも、イギリスなどからの方が多かった。日本のアメリカへの直接投資残高がイギリスを抜いたのは、1990年代初頭の数年にすぎない（内閣府データ）。しかし有名企業を買収されたことや、日本の買収活動が急に活発になったので、実際よりも大きな嫌悪感、警戒心を呼んでしまったようである。

なんとかしてこの流れを止めなくてはならない、とアメリカ国民もアメリカ政府も考えるようになった。

そして日本に強烈な要求をつきつける。

その要求が、日本のバブルを崩壊させることになるのだ。

◆バブルを崩壊させた日米構造協議とは？

１９８０年代後半、アメリカは「日米構造協議」という会議を日本に働きかけてきた。

日米構造協議とは、「日本の巨額の対米貿易黒字（アメリカから見れば対日貿易赤字）を縮小するために、日本とアメリカで、互いに相手の是正すべき点などを指摘しあう」という目的で始められたものである。

１９８９年にブッシュ大統領から宇野首相へ働きかけて開始され、１９９２年までの間に、５回会議が行なわれた。

日米では、それまでも各産業での個別の是正交渉などは行なわれていたが、両国の経済社会、産業全般に関して、問題点を指摘しあうというのは、これが初めてのことだった。

そして、**この交渉は「両国がお互いの問題点を指摘しあう」ということになってはいるが、実際は、「アメリカが日本に対して指摘する」ということが主だった。**

国同士の力関係から、そうならざるを得なかったのだ。

「相手国の経済社会の問題点を指摘しあう」

などというのは、普通に考えれば「内政干渉」である。

しかし、アメリカはそれをゴリ押ししてきたのである。

日米構造協議が始まった当時、共産圏は崩壊しつつあり、アメリカとしてはかなり強気だった。ソ連が崩壊したために、アメリカは世界唯一の超大国になった。日本は結局のところ、このアメリカの強要に逆らえなかったのである。

この「日米構造協議」が、結果的に日本のバブルを崩壊させることになった。

アメリカは、対日貿易赤字の原因は、日本市場の閉鎖性にあると考えていた。日本の市場は、不公正で未成熟なので、アメリカの商品が入っていけない。だから、その不公正をやめさせ、先進国として成熟した市場にさせたいということだった。

日米構造協議でアメリカが日本に求めた主なものは、次の三つである。

・日本の貯蓄、投資バランスを改善するために、政府が大規模な投資を行なうこと
・大規模小売店舗法など流通制度を見直すこと
・土地政策を改善すること

他にも諸々あったが、アメリカが真に強く求めたのは、この三つだといえる。

そしてこの三つに関して、日本は実際に是正策を講じたのだ。

◎中途半端な土地規制がバブル崩壊を招く

アメリカは、バブル当時の日本の地価高騰を快く思っていなかった。

1989年11月に提出されたアメリカの対日要求資料には、次のようなことが記されている。

「日本の地価高騰により、国民は狭い住宅に住むことを余儀なくされ、住宅関連商品の保有能力が制限されている。それが結局、日本人の消費や投資を削減し、経常黒字の拡大を招いている」

つまりは、アメリカは日本の住宅事情が悪いので、国民の消費が伸びていない、そしてその原因は地価の高騰にある、と見ていたのである。

確かに、当時の日本人は、世界的に見て狭い住宅に暮らしていた。その狭さは、ウサギ小屋とも揶揄《やゆ》されていた。

そのためアメリカは、日本の土地高騰を抑えるために、主に次のような要求をした。

・土地保有税を引き上げること
・都心部の農地を宅地並みに課税すること

この要求の意味をざっくりいうと、次のようなことである。

日本の固定資産税は、先進国に比べて税率が低いので、土地を保有するときの経費が低くて済む。そのため企業は土地を保有したがる。これを防ぐために土地保有税（固定資産税）を引き上げて、企業が土地を持つメリットを減じさせようということだった。

そして、日本では、農地にかかる税金が著しく低いのだが、都心部の農地も地方と同様に低率の税金となっていた。そのため、都心部に農地を持つ人はなかなか土地を手放さない、という状況が生まれていた。

ただでさえ、日本は土地が少ない。そんな中で、都心部の農地がなかなか開発されないとなると、都心部で使用できる土地が限られるために、必然的に土地の価格が高くなる。

都心部の農地を宅地と同様に課税すれば、農地を手放す人が増え、都心部の土地不足が解消するはず。

アメリカの要求には、そういう狙いがあったのだ。

アメリカの狙いは、決して的をはずしたものでもなかった。

固定資産税が先進国に比べて低すぎるのも、都心部に多くの農地が残っているのも、日本の政治にとって長年の懸案事項でもあったからだ。

しかし都心部の地主の多くは、政権与党の支持母体となっていたので、政権側はなかなか手を付けられずにいたのである。

アメリカはそれを見通した上で、日本に土地改革を迫ったわけである。

このアメリカの要求に対し、日本はどう答えたかというと、非常に中途半端な土地改革をしたのである。

「本質は変えないが、アメリカの顔は立てた」

という施策を行なったのである。

この中途半端な土地改革が、バブルの崩壊を招き、その後の長い日本経済低迷期を招くことになるのだ。

具体的にいうと、土地高騰を防ぐために、日本銀行が融資の「総量規制」というものを行なったのだ。

「銀行が企業に多額の土地購入資金を融資するから土地が高騰するわけだから、銀行が企業に貸すお金を制限しよう」

ということである。

固定資産税の改革や、都心部農地の税制改革などにはあまり手を付けず、とりあえず、その場しのぎの土地高騰抑制策を行なったのである。

その結果、バブルだけがはじけた。

このバブル崩壊により、日本は、大不況に見舞われた上、都心部の土地不足の問題などは改善されなかった。

つまり、「怪我をしただけ」である。

その後、日本経済はなかなか景気が好転せず、長い長い「失われた30年」を過ごすことになるのだ。

◆ヒルズ族の誕生

バブル崩壊後、日本は「失われた30年」ともいわれる長い不況に苦しむことになる。

90年代には、リストラの嵐が吹き荒れ、中高年の自殺率は激増した。この当時、日本は世界有数の自殺大国になってしまった。

2000年代に入ると、経済数値上の不景気は終わり、好景気の時代に入った。しかし、ほとんどの日本人は豊かさを実感できなかった。それもそのはずである。サラリーマンの平均賃金は、バブル崩壊以降、20年以上、下げられてきたからである。

その一方で、ヒルズ族なる人たちがもてはやされることになった。ヒルズ族というのは、2003年に開業した六本木ヒルズにオフィスを構えるIT系の新興企業などの経営者たちのことである。

彼らは主にインターネットを使った新しいビジネスで会社を急成長させてきた。

何よりも世間を驚かせたのは、彼らの資金力だった。

ついこの間創業したばかりの企業が、数百億、数千億という金を動かし、ビッグビジネスを繰り広げる。特にライブドアなどは、プロ野球の球団を買収しようとしたり、テレビ局を株式支配しようとするなどして、世間を大きく騒がせた。

彼らの存在を見て、「これまで日本にいなかった、すごく賢くてビジネススキルの高い人たちが現れてきた」と思った人も多いはずだ。

確かに彼らは賢くてビジネススキルは高いだろう。

だが、彼らが「今まで日本にいなかった」というほど優秀な人たちというわけではない。

昔の日本の経営者たちは、世界を驚かせるような商品開発を多々してきた。**シャープペンシル、インスタントラーメン、ウォークマン、デジタルカメラ等々、日本企業には輝かしい**

発明の業績がある。

それに比べれば、彼らのビジネスというのは、それほど画期的なものではない。少し気の利いたネットスキルを開発したという程度のものである。日本の新興ＩＴ企業で、アップル、グーグル、フェイスブックなど世界を驚かせるような商品開発をしたようなものは、まだないといえる。

にもかかわらず、なぜヒルズ族は、日本社会を騒がせるような資金力を持っていたのか？

その答えは、バブル崩壊後の日本の経済政策にあるのだ。

ヒルズ族はマネーゲーム推奨政策によって生まれた

日本はバブル崩壊以降、「経済の活性化のため」と称し、大企業や富裕層の大減税を繰り返した。

そのため、バブル期には最高70％だった高額所得者の所得税は、平成６（１９９４）年には45％に大幅に減額され、さらに平成18（２００６）年には33％にまで引き下げられた。

わずか十数年で半分以下に下げられたのだ。

その結果、急に大金を手にする人が増加した。

昔から、たくさん稼ぐ人はいた。

若くして成功する人も多かった。しかし昔の成功者は、ヒルズ族のような桁外れの富を短期間で手にすることはなかった。**なぜかというと、昔は金持ちからはそれなりに税金を取っていたからだ。**

1980年代までは、高額所得者はその収入の8割以上が税金（所得税、住民税など）として取られていた。だから成功しても、それほど莫大なお金を残すことはできなかったのだ。しかし2000年代の高額所得者は、最大でも50％しか税金で取られなくなったのだ。しかも、株の売買益で得た収入に関しては、さらに優遇された。

2003年の税制改正により、投資家の税金は分離課税とされ、どんなに収入が多くても所得税は15％でいいということになったのだ。

分離課税というのは、他の収入と切り離して、配当所得だけを別個に計算することである。本来、所得税というのは、不動産や給料など様々な所得を合算して、その合計額に累進税率が課されることになっている。

が、配当所得だけは、この「所得合算」から外され、別個に計算することになったのだ。しかも15％という固定の税率である。つまり配当所得は、「収入が高い人ほど税金が高くなる」

という所得税のルールから除外されているのだ。配当所得は何千万円、何億円収入があろうと、税率は15％なのである。

また配当所得における「住民税」は、わずか５％である。サラリーマンの場合、住民税は誰もが10％である（課税最低限に達しない人は除く）。

つまり額に汗して働いた人が10％の住民税を払わなければならないのに、株を持っているだけでもらえる配当所得には、その半分の５％しか課せられていない、ということである。

その結果、何億、何十億もの配当所得がありながら、税負担率は新卒サラリーマンよりも低いというような状態が生まれたのだ。

しかも平成13（２００１）年には、一年間の時限立法ながら、株の売買について無税にするという特例措置までが取られた。

さらに平成15（２００３）年から平成20（２００８）年までは、上場企業の株式に関する税金が元来の半額の10％（所得税７％、住民税３％）に引き下げられた。

これによって、ライブドアや村上ファンドなどが台頭し、堀江貴文氏などは何百億円も稼いだのに税金はわずか10％という現象も生じた。

なぜ、投資家に対して、これほどの減税が行なわれたのか？

答えは株価を上昇させるためである。

株価が上昇すれば、経済が上向いたように見える。だから、投資家に大減税を行ない、株の取引をしやすくしたのだ。

その結果、2000年代の日本には大投資ブームが起きた。

株価も若干上がった。そして日本経済は名目上、好景気に転じたが、それを実感できたのは、一部の大企業と投資家だけである。多くの人にとって、バブル崩壊以降、経済的に楽になったという実感はほとんどなかった。

その後、リーマンショックによって、日本経済はまたもや大不況に突入したのだ。

日本の個人金融資産が、バブル期の1・8倍になった理由

日銀の発表によると、現在、日本では1800兆円の個人金融資産があるという。

バブル期の1990年の段階では、個人金融資産は1017兆円だった。だから二十数年の間に、80%も増加しているのだ。この二十数年というのは、日本経済は「失われた20年」とさえ呼ばれる苦しい時代だったはずだ。

1800兆円というと、国民一人当たり1400万円の金融資産を持っていることになる。

赤ん坊からお年寄りまで、みなが平均して1400万円保有しているということである。4

人家族であれば、家族合計で約５６００万円を持っているわけだ。

しかも、これは金融資産のみである。不動産などほかの資産は含まない。不動産なども含めた資産は、これよりもはるかに大きくなる。

この数値には違和感を覚える人が多いのではないか？

「自分はそんなに金融資産を持っていないし、家族、親族、友人、知人もそれほど持っていないはず」

そういうふうに思っている人が多いはずだ。

それもそのはずである。

日本でこれほど個人金融資産が膨れ上がっているのは、国民全体の資産が増えているからではない。ごく一部の人たちの富が膨れ上がっているのだ。

あまり知られていないが、昨今、日本では億万長者が激増している。

世界的な金融グループであるクレディ・スイスが発表した「２０１６年度グローバル・ウェルス・レポート」によると、１００万ドル以上の資産を持っている人々、つまりミリオネアと呼ばれる日本人は２８２万６０００人だった。前の年よりも74万人近く増加しているという。**増加率は世界一だったのである。**

昨今、激増している億万長者の正体は、まず最初に挙げられるのが、「大企業の株を大量

日本の上場企業の配当金の推移

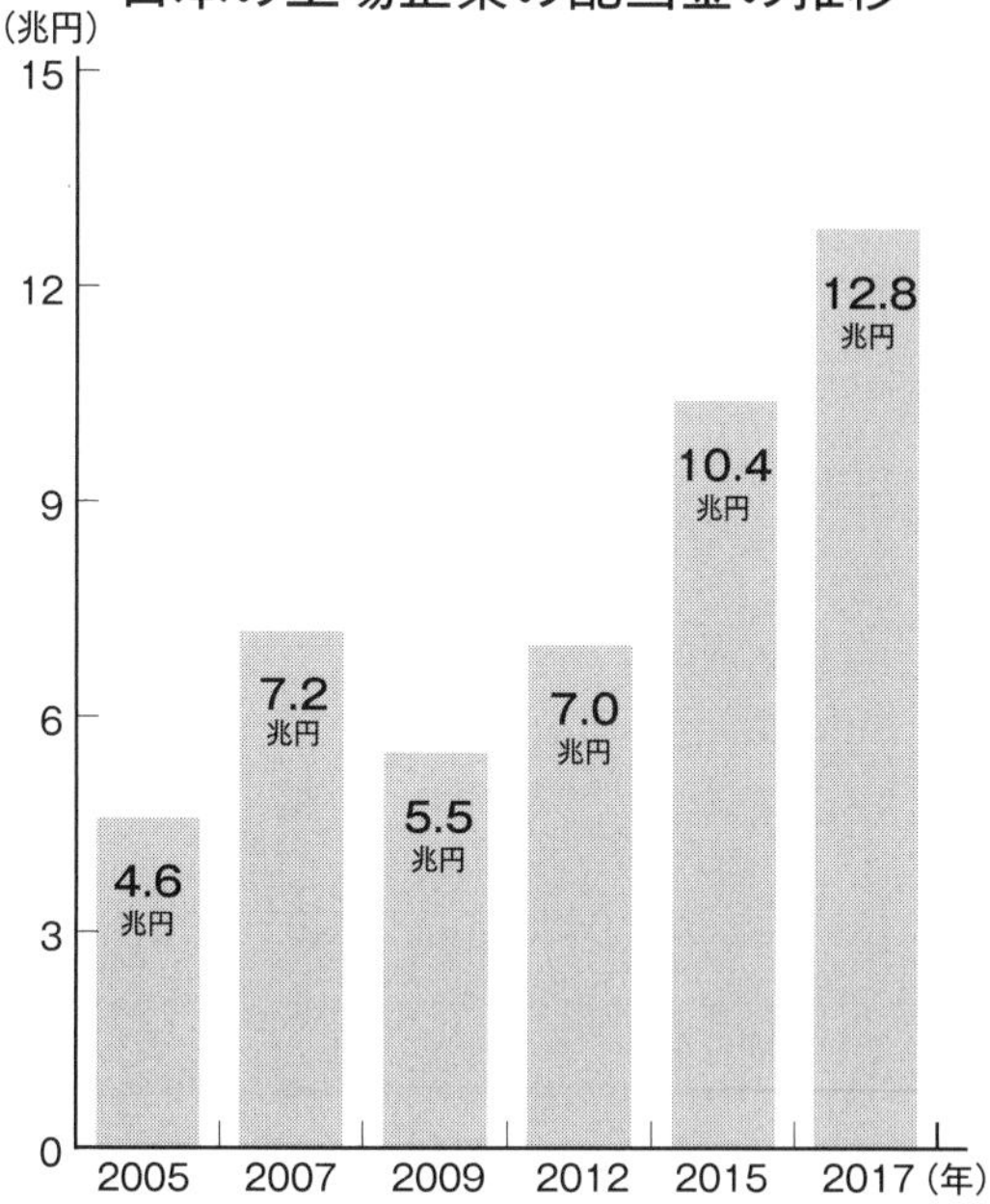

に持っている人」である。

これは、「昨今、株を始めた人」や「株の売買をしている人」ではない。

かなり以前から、大企業の株をたくさん持っていた人なのである。

上の図を見てほしい。

日本の上場企業の配当金は、2009年からのわずか9年間で2倍以上になっているのだ。リーマンショック前の最高値だった2007年と比べても2倍近くに増えている。

つまり、10年前と比べて、配当収入は2倍に増えているということである。

これは何を意味するのかというと、配当収入が2倍になっているということである。

またアベノミクスの影響で、2012年から2018年の間に、日経平均株価は2倍以上になった。2012年に持っていた株資産は、2018年現在では倍に膨れ上がっているということである。

だから、5000万円程度の株を持っていた人は、株価が2倍に膨れ上がることで、保有資産が1億円を超えることになる。

近年、資産が激増した人でもっとも多いパターンは、このパターンだと見られる。

しかも前述したように株の配当所得に対する税金は、近年大幅に下げられている。

この層の人たちが、昨今、もっとも潤っている人たちだといえる。

1億円以上の役員報酬をもらう人が急増

前項では、大企業の大口株主の収入、資産が激増していることを紹介した。

だが、もう一つ別の方面でも、大きく資産を増やしている人たちがいる。

それは、「大企業の役員」たちである。

実は昨今、高額の報酬をもらう大企業の役員が急増しているのだ。

以前は、日本企業の役員報酬はそれほど高いものではなかった。欧米と比べればかなり低かったので、「ジャパン・アズ・ナンバーワン」とされていたバブル期などでは、「日本の経営者は低い報酬で高いパフォーマンスをする」ということで不思議がられていたほどである。

だが、バブル崩壊以降は、なぜか日本企業の役員報酬はうなぎ登りに上昇した。特にここ20年ほどは、高額の役員報酬をもらう人が激増しているのだ。

国税庁が公表している源泉徴収事績によると、年収5000万円以上のサラリーマンは、1990年代には6000人台にすぎなかったが、現在は2万人を超えている。この高報酬サラリーマンも「激増している億万長者」の一角を占めていることは間違いない。

2010年3月期決算から、上場企業は1億円以上の役員報酬をもらった役員の情報を有価証券報告書に記載することが義務付けられた。

東京商工リサーチによると、2018年度決算で報酬1億円以上をもらった役員の人数は731人だった（360社）。**2010年からほぼ一貫して増え続け、この9年間で倍以上の増加をしている。**このデータからも、高額報酬役員が近年激増していることがわかる。

◆日本の家庭の3分の1は貯金がゼロ

その一方で、資産がない人も激増している。

日銀が毎年行なっている「家計の金融に関する世論調査」では昭和62（1987）年には貯金ゼロの世帯は全体の3％にすぎなかった。つまりほぼ全世帯に貯金があったのだ。

しかし、貯金ゼロの世帯は平成の間にほぼ一貫して増え続け、2017年には30％にも達している。つまり、日本の家庭の3分の1は貯金がゼロなのである。

この最大の原因は、90年代以降の日本経済の失策である。

バブル崩壊以降、日本の経済界は、従業員の雇用を非常におろそかにしてきた。

高度成長期からバブル期にかけて、日本の経済界は一貫して雇用を大事にし、賃金も引き上げてきた。しかし、バブル崩壊後には「不景気を乗り切るため」と称して、過酷なリストラ、大幅な賃下げを断行してきた。しかも景気が好転して以降も、賃下げを続けてきた。

この20年間、一貫して賃金が下げられた国は、先進国ではほぼ日本だけである。

「日本経済新聞」2019年3月19日の「ニッポンの賃金（上）」によると、1997年を100とした場合、2017年の先進諸国の賃金は左上の表のようになっている。

このように先進諸国は軒並み50％以上上昇している。アメリカ、イギリスなどは倍近い金額になっているのだ。

その中で、日本だけが下がっている。しかも約1割も減っているのである。

イギリスの187％と比較すれば、日本は半分しかないのだ。つまりこの20年間で、日本人の生活のゆとりは、イギリス人の半分以下になったといえる。

この20年間、先進国の中で日本の企業だけ業績が悪かったわけではない。日本企業はバブル崩壊からすぐに立ち直り、2000年代以降はむしろ日本企業の方が他の先進国企業に比べて安定していた。

経常収支は1980年以来黒字を続けており、東日本大震災の起きたときでさえ赤字にはなっていない。企業利益は確実に上昇しており、企業の利益準備金も実質的に世界一となっている。

にもかかわらず、日本企業は従業員の待遇を悪化させてきた。

それが、貯金ゼロ世帯の激増につながっているのだ。

2017年の先進国の賃金(%)
（1997年を100とした場合）

アメリカ	176
イギリス	187
フランス	166
ドイツ	155
日本	91

◆格差社会の再来

「億万長者」と「貯金ゼロ世帯」が同時に激増しているということは、絵にかいたような「格差拡大」が広がっているということである。

日本は、バブル崩壊以前まで世界でも稀に見るほどの非常に格差が少ない社会だった。80年代に「一億総中流」という言葉が流行したのを覚えている方も多いはずだ。日本人はすべて中流意識を持っている、つまり、下流の人がいなくなったというわけである。この言葉にほとんどの日本人は実感を持っていたはずだ。

しかし、現在の日本人にその実感はないだろう。

この格差拡大の要因の一つに税金がある。

これまで述べてきたように、バブル崩壊後の日本では高額所得者や株主の税金を大幅に減額してきた。それが、そのままミリオネア激増につながっているのだ。

これは、戦前の財閥が台頭してきた状況とよく似ている。

戦前の税制では、経営者や役員の報酬には原則として税金はかからなかった。会社が法人税を払っているので、経営者や役員は税金を払う必要がないということである（従業員にも税金は課されなかった)。戦争中は特別税として課税されていたが、平常時は非課税だったのである。

また法人税も今よりは格段に安かった。

そのため、財閥一族は儲かったお金がそのまま蓄積していき、雪だるま式に資産を増やしたのである。

これと同様のことが、現代の大企業の株主、役員に対して起こっているといえる。

つまり、今の大企業が「ミニ財閥化」してきているということである。

◆貯蓄ゼロ世帯を激増させた消費税

そして昨今の日本は中流層以下に対して、賃金が下げられ続けているにもかかわらず、過酷な増税を続けてきた。低所得者に与えられていた所得税の控除制度が次々に廃止され、社会保険料も年々引き上げられた。

また何より消費税の創設と増税は、中流層以下に大きな打撃を与えた。

消費税というのは、所得が低い人ほど負担割合が増す「逆進税」である。

たとえば年間1億円の収入を得ている人が3000万円だけ消費し、残りの7000万円は預金したり金融資産にしたとする。となると、この人の収入に対する消費税の負担割合は、３％ということになる。

一方、年収２００万円のネットカフェ暮らしの人は、年収のほとんどを消費に回してしまう。となるとこの人の収入に対する消費税の負担割合は10％である。

もし年収１億円の人の税金を３％にし、年収２００万円の人の税金を10％にすれば、誰もが「おかしい」と思うはずだ。というより、そういう税金は絶対に通らないはずだ。

だが、日本の消費税というのは、事実上、そういう状態になっているのだ。

「間接税」という仕組みのトリックに騙されて、実質が見えにくくなっているだけで、**実際には「貧困者ほど負担が増す」ということになっているのだ。**

この間接税の欠陥について、ほかの先進諸国は丁寧な対処をしている。

間接税が高いヨーロッパ諸国は、生活必需品には非常に税率を低く設定している。食料品などは非課税にしている国も多い。またヨーロッパ諸国では、社会保障が日本よりはるかに充実しており、貧困者の多くが住宅補助などを受けられる。たとえばフランスでは全世帯の23％が国から住宅の補助を受けている。その額は、１兆８０００億円である。イギリスでも全世帯の18％が住宅補助を受けている。その額、２兆６０００億円である。

日本では、住宅支援は公営住宅くらいしかなく、その数も全世帯の４％にすぎない。

ヨーロッパの間接税が高いのは、貧困者に対してそういう手厚い保護をした上でのことなのである。たかだか２％しか安くならない軽減税率の日本とは、大違いなのだ。

日本で貯蓄ゼロ世帯が増加してきた期間と、消費税が導入され増税されてきた期間は完全にリンクする。

「消費税が貯蓄ゼロ世帯を増やした」といっても過言ではないのである。

あとがき

「まえがき」では、日本は世界に類を見ない「差別の少ない国」であり「助け合いの美徳がある国」だと述べた。

が、近代に入ってその性質は薄れてきた。

日本は、明治維新によって欧米のシステムや技術を積極的に導入してきた。

しかし、欧米の社会システムは決して完璧なものではなかった。

欧米では産業革命によって生じた歪みが、社会を蝕《むしば》み始めている時期だった。欧米諸国は、経済成功者への過度な富の集中、貧富の格差に対して、どうすればいいか対処法を探っていた。

しかし、その未完成な欧米の経済システムを、明治以降の日本はそのまま取り入れることになった。そして「欧米よりも遅れている」と自覚していた日本は、欧米の経済システムに対する信頼が、欧米諸国以上に強かった。だから、欧米の「自由市場」「競争原理」をそのまま受け入れてしまった。

欧米はただただ過酷な自由な競争によって、進んだ文明を手に入れたわけではなかった。

欧米は太古から宗教精神に基づく寄付や慈善の文化が発達しており、それが社会のセーフティーネットともなっていた。

江戸時代までならば、誰かに極端な富の集中が起きれば、政府が強権的に取り潰すということを行なっていた。しかし明治以降は日本は「法治国家」であろうとし、法さえ守っていればば何をやっても許される世の中になっていた。

しかしその法自体がまだ未熟だったため、「財閥」という怪物が生まれたのである。

戦後の日本は、敗戦という未曽有《みぞう》の国難に直面し、日本人本来の「苦難のときには助け合う」という国民性が復活した。またGHQの財閥解体政策もあり、富の偏在、土地所有の集中もかなり改善された。

高度成長期からバブル期にかけて、日本経済は世界を席巻《せっけん》した。この時期、欧米の経済人や学者たちは、日本の賃金体系を非常に不思議に思っていた。日本の大企業の経営者たちの報酬は、新入社員の報酬とは10倍の開きもない。にもかかわらず、彼らは最高のパフォーマンスをする。彼らのモチベーションは一体何なのだ、と。これも、日本人の持つ「公平感」「助け合い精神」のなせるわざだったといえよう。

が、この戦後に復活した日本人の「助け合い精神」も、バブルが崩壊したころから、崩れ始めた。

「貧困は自己責任」として片づけてしまう風潮がはびこり、うまく立ち回って富を手にしたものが偉いという価値観が広まっている。

筆者は、これに危機感を禁じえない。

日本には、太古から「助け合うのは当たり前」という文化があった。

それは日本という国を形づくってきた精神であり、日本が世界に誇れる国となった最大の要因でもある。


今の日本の貧富の格差は、日本人が思っている以上に進んでいる。

スイスの金融機関クレディ・スイスのレポートによると、100万ドル以上の金融資産を持ついわゆる「ミリオネア」の日本人は、約300万人だという。しかも毎年数十万人増加し続けている。また1億円以上の報酬を受け取る大企業の役員は、毎年倍々ゲームで増加している。

その一方で、非正規社員は2000万人を超え、定職についているのに年収が200万円以下のいわゆるワーキングプアは1100万人にも達している。

現在、大学生の約半数は、有利子の奨学金を受けている。有利子の奨学金というのは、つまりは借金である。

今の日本は少子化で、子供は急激に減っている。その少ないはずの子供たちを大学に行かせることさえままならない、という家庭が増えているのだ。

しかも日本の大学進学率は先進国の中で決して高くはない。おそらく経済事情のために進学を諦めている若者が、かなりいるはずだ。

それもすべて「自己責任」で済ませられるのか？

古来からの日本の助け合いの精神はどこへ行ったのか？

日本人が古来から持つ美徳をもう一度思い起こしてほしい。

本書を執筆したのはそういう動機もある。

最後に、ＰＨＰ研究所の西村健氏をはじめ、本書の制作に尽力をしていただいた皆様にこの場をお借りして御礼を申し上げます。

２０１９年10月

著者

参考文献

『日本土地制度史』田辺勝正著　家の光協会
『土地と課税』佐藤和男著　日本評論社
『流通経済史』桜井英治・中西聡編　山川出版社
『日本史小百科「貨幣」』瀧澤武雄・西脇康編　東京堂出版
『金銀貿易史の研究』小葉田淳著　法政大学出版局
『日本史小百科「租税」』佐藤和彦編　東京堂出版
『日本経済史大系　全6巻』弥永貞三、永原慶二ほか編　東京大学出版会
『日本経済史　近世—現代』杉山伸也著　岩波書店
『日本経済史』石井寛治著　東京大学出版会
『日本経済史』永原慶二著　岩波書店
『大化の改新は身近にあった』河野通明著　和泉書院
『古代国家の支配と構造』田名網宏編　東京堂出版
『日本古代財政史の研究』薗田香融著　塙書房
『聖徳太子と鉄の王朝』上垣外憲一著　角川書店
『東北—不屈の歴史をひもとく』岡本公樹著　講談社
『日本の時代史2　倭国と東アジア』鈴木靖民編　吉川弘文館
『日本の時代史5　平安京』吉川真司編　吉川弘文館
『日本の時代史6　摂関政治と王朝文化』加藤友康編　吉川弘文館
『なぜ、大唐帝国との国交は途絶えたのか』山内晋次著　ＮＨＫ出版
『戦争の日本史4　平将門の乱』川尻秋生著　吉川弘文館

『講座日本荘園史』　網野善彦ほか編　吉川弘文館
『近江から日本史を読み直す』　今谷明著　講談社現代新書
『日野富子のすべて』　吉見周子編　新人物往来社
『湖の国の中世史』　高橋昌明著　平凡社
『寺社勢力の中世』　伊藤正敏著　ちくま新書
『中世人の生活世界』　勝俣鎮夫編　山川出版社
『武士の王・平清盛』　伊東潤著　洋泉社
『戦争の日本史6　源平の争乱』　上杉和彦著　吉川弘文館
『日本の時代史8　京・鎌倉の王権』　五味文彦編　吉川弘文館
『なぜ、モンゴル帝国に強硬姿勢を貫いたのか』　石井正敏著　NHK出版
『なぜ、足利将軍家は中華皇帝に「朝貢」したのか』　橋本雄著　NHK出版
『日本の時代史10　南北朝の動乱』　村井章介編　吉川弘文館
『信長公記』　太田牛一原著・榊山潤訳　ニュートンプレス
『日本史』　ルイス・フロイス著・柳谷武夫訳　東洋文庫
『イエズス会・日本年報』　雄松堂書店
『楽市論』　安野眞幸著　法政大学出版局
『戦国期の政治経済構造』　永原慶二著　岩波書店
『中世日本商業史の研究』　豊田武著　岩波書店
『戦国織豊期の貨幣と石高制』　本多博之著　吉川弘文館
『貨幣と鉱山』　小葉田淳著　思文閣出版
『天王寺屋会記』　津田宗及ほか著　淡交社
『宋銭の世界』　伊原弘編　勉誠出版
『南蛮船貿易史』　外山卯三郎著　大空社
『堺と博多』　泉澄一著　創元社

『沈没船が教える世界史』　ランドール・ササキ著　メディアファクトリー新書
『中世後期の寺社と経済』　鍛代敏雄著　思文閣出版
『中世の寺社勢力と境内都市』　伊藤正敏著　吉川弘文館
『戦国時代の荘園制と村落』　稲葉継陽著　校倉書房
『寺社勢力』　黒田俊雄著　岩波新書

『近世村人のライフサイクル』　大藤修著　山川出版社
『江戸と江戸城』　鈴木理生著　新人物往来社
『織豊期検地と石高の研究』　木越隆三著　桂書房
『秀吉研究の最前線』　日本史史料研究会編　洋泉社
『天下統一から鎖国へ』　堀新著　吉川弘文館
『お江戸の経済事情』　小沢詠美子著　東京堂出版
『江戸の小判ゲーム』　山室恭子著　講談社現代新書
『幕末維新期の外交と貿易』　鵜飼政志著　校倉書房
『西洋の支配とアジア』　K・M・パニッカル著　左久梓訳　藤原書店
『維新経済史の研究』　平尾道雄著　高知市立市民図書館
『幕末維新期の外圧と抵抗』　洞富雄著　校倉書房
『勝海舟全集』　勝海舟著　講談社

『地租改正と割地慣行』　奥田晴樹著　岩田書院
『明治百年の農業史・年表』　川崎甫著　近代農業社
『秩禄処分』　落合弘樹著　中公新書
『外貨を稼いだ男たち』　小島英俊著　朝日新書
『帝国主義下の日本海運』　小風秀雅著　山川出版社
『日本産業史』　有沢広巳監修　日本経済新聞社

『東アジア近現代通史　1～5』　岩波書店
『事典昭和戦前期の日本』　伊藤隆監修　百瀬孝著　吉川弘文館
『世相でたどる日本経済』　原田泰著　日経ビジネス人文庫
『日本農業史』　木村茂光編　吉川弘文館
『日本の産業化と財閥』　石井寛治著　岩波書店
『「月給百円」のサラリーマン』　岩瀬彰著　講談社現代新書
『GHQ日本占領史28財閥解体』　日本図書センター
『財閥解体』　梅津和郎著　教育社歴史新書
『戦後日本・占領と戦後改革第6巻　戦後改革とその遺産』　中村政則ほか編　岩波書店
『戦後日本の形成と発展』　皆村武一著　日本経済評論社
『日米の衝突』　NHK取材班著　日本放送出版協会
『日米間の産業軋轢と通商交渉の歴史』　鷲尾友春著　関西学院大学出版会
『ポスト構造協議』　鶴田俊正・宮智宗七編著　東洋経済新報社

〈著者略歴〉
大村大次郎（おおむら・おおじろう）
元国税調査官。国税庁に10年間、主に法人税担当調査官として勤務。退職後、ビジネス関連を中心としたフリーライターとなる。ベストセラーとなった『あらゆる領収書は経費で落とせる』（中公新書ラクレ）をはじめ、税金・会計関連の著書多数。一方、学生のころよりお金や経済の歴史を研究しており、『お金の流れでわかる世界の歴史』『お金の流れで読む日本の歴史』（以上、KADOKAWA）などの著作もある。

執筆協力：武田知弘
装丁：萩原弦一郎（256）
装丁画像：「元禄江戸図」（古地図史料出版提供）

「土地と財産」で読み解く日本史

2019年12月11日　第1版第1刷発行

著　者　大村大次郎
発行者　後藤淳一
発行所　株式会社ＰＨＰ研究所
東京本部　〒135-8137　江東区豊洲5-6-52
第四制作部　☎03-3520-9614（編集）
普及部　☎03-3520-9630（販売）
京都本部　〒601-8411　京都市南区西九条北ノ内町11
PHP INTERFACE　https://www.php.co.jp/

組　版　アイムデザイン株式会社
印刷所　大日本印刷株式会社
製本所　東京美術紙工協業組合

ISBN978-4-569-84396-4